中华人民共和国
专利法

注释本

法律出版社法规中心　编

·北京·

图书在版编目（CIP）数据

中华人民共和国专利法注释本／法律出版社法规中心编. -- 4版. -- 北京：法律出版社，2025. --（法律单行本注释本系列）. -- ISBN 978-7-5197-9789-8

Ⅰ. D923.425

中国国家版本馆CIP数据核字第2024MM1721号

| 中华人民共和国专利法注释本
ZHONGHUA RENMIN GONGHEGUO
ZHUANLIFA ZHUSHIBEN | 法律出版社法规中心 编 | 责任编辑 翁潇潇
装帧设计 李 瞻 |

出版发行 法律出版社	开本 850毫米×1168毫米 1/32
编辑统筹 法规出版分社	印张 6.25　字数 156千
责任校对 张红蕊	版本 2025年1月第4版
责任印制 耿润瑜	印次 2025年1月第1次印刷
经　　销 新华书店	印刷 北京盛通印刷股份有限公司

地址:北京市丰台区莲花池西里7号(100073)
网址:www.lawpress.com.cn　　　　销售电话:010-83938349
投稿邮箱:info@lawpress.com.cn　　客服电话:010-83938350
举报盗版邮箱:jbwq@lawpress.com.cn　咨询电话:010-63939796
版权所有·侵权必究

书号:ISBN 978-7-5197-9789-8　　　定价:20.00元
凡购买本社图书，如有印装错误，我社负责退换。电话:010-83938349

编辑出版说明

现代社会是法治社会，社会发展离不开法治护航，百姓福祉少不了法律保障。遇到问题依法解决，已经成为人们处理矛盾、解决纠纷的不二之选。然而，面对纷繁复杂的法律问题，如何精准、高效地找到法律依据，如何完整、准确地理解和运用法律，日益成为人们"学法、用法"的关键所在。

为了帮助读者快速准确地掌握"学法、用法"的本领，我社开创性地推出了"法律单行本注释本系列"丛书，至今已十余年。本丛书历经多次修订完善，现已出版近百个品种，涵盖了社会生活的重要领域，已经成为广大读者学习法律、应用法律之必选图书。

本丛书具有以下特点：

1. 出版机构权威。 成立于1954年的法律出版社，是全国首家法律专业出版机构，始终秉承"为人民传播法律"的宗旨，完整记录了中国法治建设发展的全过程，享有"社会科学类全国一级出版社"等荣誉称号，入选"全国百佳图书出版单位"。

2. 编写人员专业。 本丛书皆由相关法律领域内的专业人士编写，确保图书内容始终紧跟法治进程，反映最新立法动态，体现条文本义内涵。

3. 法律文本标准。 作为专业的法律出版机构，多年来，我社始终使用全国人民代表大会常务委员会公报刊登的法律文本,积淀了丰富的标准法律文本资源,并根据立法进度及时更新相关内容。

4. 条文注解精准。本丛书以立法机关的解读为蓝本,给每个条文提炼出条文主旨,并对重点条文进行注释,使读者能精准掌握立法意图,轻松理解条文内容。

5. 配套附录实用。书末"附录"部分收录的均为重要的相关法律、法规和司法解释,使读者在使用中更为便捷,使全书更为实用。

需要说明的是,本丛书中"适用提要""条文主旨""条文注释"等内容皆是编者为方便读者阅读、理解而编写,不同于国家正式通过、颁布的法律文本,不具有法律效力。本丛书不足之处,恳请读者批评指正。

我们用心打磨本丛书,以期待为法律相关专业的学生释法解疑,致力于为每个公民的合法权益撑起法律的保护伞。

法律出版社法规中心

2024 年 12 月

# 目　录

《中华人民共和国专利法》适用提要 …………………… 1

中华人民共和国专利法

第一章　总则………………………………………………… 3
　第一条　立法目的……………………………………… 3
　第二条　受保护的发明创造…………………………… 5
　第三条　专利行政管理体制…………………………… 6
　第四条　涉及国家安全或者重大利益需要保密的发
　　　　　明创造的专利申请…………………………… 7
　第五条　违法发明创造不授予专利权………………… 7
　第六条　职务发明创造和非职务发明创造的权利归
　　　　　属……………………………………………… 9
　第七条　禁止压制非职务发明创造专利申请………… 11
　第八条　合作发明创造和受委托发明创造的权利归
　　　　　属……………………………………………… 11
　第九条　"一发明创造一专利"原则和先申请原则 …… 13
　第十条　专利申请权和专利权的转让………………… 14
　第十一条　专利权的效力……………………………… 16
　第十二条　专利实施许可……………………………… 17
　第十三条　临时保护…………………………………… 18
　第十四条　行使共有的专利申请权、专利权 ………… 19

第十五条　职务发明创造的奖励、报酬和激励 ………… 20
　　　第十六条　发明人、设计人的署名权，专利权人的专
　　　　　　　　利标识权…………………………………… 21
　　　第十七条　涉外规定………………………………………… 22
　　　第十八条　专利代理………………………………………… 23
　　　第十九条　专利的涉外申请………………………………… 25
　　　第二十条　诚实信用原则、禁止滥用 …………………… 27
　　　第二十一条　专利审查要求、专利信息公共服务 ……… 28
第二章　授予专利权的条件………………………………………… 29
　　　第二十二条　发明和实用新型的授权条件………………… 29
　　　第二十三条　外观设计的授权条件………………………… 31
　　　第二十四条　不丧失新颖性的情形………………………… 33
　　　第二十五条　不授予专利权的事项………………………… 35
第三章　专利的申请…………………………………………………… 37
　　　第二十六条　发明或者实用新型专利的申请文件………… 37
　　　第二十七条　外观设计专利的申请文件…………………… 38
　　　第二十八条　申请日确定…………………………………… 39
　　　第二十九条　优先权………………………………………… 39
　　　第三十条　优先权的要求…………………………………… 40
　　　第三十一条　单一性原则和合并申请……………………… 42
　　　第三十二条　撤回专利申请………………………………… 43
　　　第三十三条　专利申请文件的修改………………………… 44
第四章　专利申请的审查和批准…………………………………… 45
　　　第三十四条　发明专利申请的初步审查和公布…………… 45
　　　第三十五条　发明专利申请实质审查程序的启动 ……… 47
　　　第三十六条　发明专利申请实质审查有关资料的提
　　　　　　　　　交……………………………………………… 48
　　　第三十七条　发明专利申请的实质审查…………………… 49

第三十八条　发明专利申请经实质审查后的驳回………… 50
　　第三十九条　发明专利权的授予………………………… 51
　　第四十条　实用新型、外观设计专利权的授予………… 52
　　第四十一条　专利申请的复审…………………………… 53
第五章　专利权的期限、终止和无效……………………………… 55
　　第四十二条　专利权的期限和补偿……………………… 55
　　第四十三条　专利年费…………………………………… 56
　　第四十四条　专利权在期限届满前的终止……………… 57
　　第四十五条　宣告专利权无效的请求…………………… 58
　　第四十六条　宣告专利权无效请求的审查和审理……… 59
　　第四十七条　宣告专利权无效决定的效力……………… 60
第六章　专利实施的特别许可……………………………………… 61
　　第四十八条　加强专利公共服务………………………… 61
　　第四十九条　指定许可…………………………………… 62
　　第五十条　开放许可的申请和撤回程序………………… 62
　　第五十一条　开放许可的获得和年费优惠……………… 64
　　第五十二条　开放许可的纠纷解决……………………… 65
　　第五十三条　给予强制许可的一般理由………………… 66
　　第五十四条　给予强制许可的特别理由………………… 67
　　第五十五条　出口专利药品的强制许可………………… 68
　　第五十六条　依存专利的强制许可……………………… 69
　　第五十七条　半导体技术的强制许可…………………… 70
　　第五十八条　强制许可的实施限制……………………… 71
　　第五十九条　申请强制许可的有关证据………………… 71
　　第六十条　给予强制许可的决定及其登记、公告和
　　　　　　　　终止………………………………………… 73
　　第六十一条　强制许可的实施权………………………… 74
　　第六十二条　强制许可的使用费………………………… 75

第六十三条　给予强制许可决定和使用费裁决的司
　　　　　　　法救济…………………………………………… 76
第七章　专利权的保护……………………………………… 77
　　第六十四条　专利权保护范围……………………… 77
　　第六十五条　专利侵权纠纷解决方式……………… 78
　　第六十六条　专利侵权纠纷中证据提供…………… 80
　　第六十七条　专利侵权纠纷中现有技术抗辩权…… 82
　　第六十八条　假冒专利的法律责任………………… 83
　　第六十九条　专利行政执法措施以及当事人的协
　　　　　　　助、配合义务………………………… 84
　　第七十条　专利侵权纠纷行政管辖权……………… 86
　　第七十一条　侵犯专利权赔偿数额计算方法……… 88
　　第七十二条　诉前财产保全、行为保全…………… 91
　　第七十三条　诉前证据保全………………………… 92
　　第七十四条　诉讼时效……………………………… 92
　　第七十五条　不视为侵犯专利权…………………… 94
　　第七十六条　药品专利纠纷早期解决机制………… 96
　　第七十七条　专利侵权纠纷中合法来源抗辩……… 97
　　第七十八条　向外国申请专利泄露国家秘密的法律
　　　　　　　责任……………………………………… 98
　　第七十九条　禁止管理专利工作的部门向社会推荐
　　　　　　　专利产品及其法律责任………………… 99
　　第八十条　国家机关工作人员渎职行为的法律责任
　　　　　　………………………………………………… 100
第八章　附则………………………………………………… 101
　　第八十一条　专利费用……………………………… 101
　　第八十二条　施行日期……………………………… 102

附　录

中华人民共和国专利法实施细则(2023.12.11 修订) ……… 103
国防专利条例(2004.9.17) ………………………… 137
专利代理条例(2018.11.6 修订) ……………………… 144
最高人民法院关于审理专利纠纷案件适用法律问题的若
　干规定(2020.12.29 修正) ………………………… 149
最高人民法院关于审理侵犯专利权纠纷案件应用法律若
　干问题的解释(2009.12.28) ……………………… 154
最高人民法院关于审理侵犯专利权纠纷案件应用法律若
　干问题的解释(二)(2020.12.29 修正) …………… 158
专利优先审查管理办法(2017.6.27) ………………… 164
专利实施强制许可办法(2012.3.15) ………………… 167
专利标识标注办法(2012.3.8) ……………………… 176
专利代理管理办法(2019.4.4) ……………………… 177

《中华人民共和国专利法》
适用提要

1984年3月12日,六届全国人大常委会第四次会议通过了《专利法》①。自1985年4月1日施行以来,《专利法》对鼓励发明创造、引进外国先进技术、促进我国科技进步和经济发展,发挥了重要作用。

1992年9月4日,七届全国人大常委会第二十七次会议对《专利法》部分条款作了修改,主要是扩大专利保护范围,延长专利权的期限,增加对专利产品进口的保护,将对方法专利的保护延及依该方法直接获得的产品,重新规定对专利实施强制许可的条件,增设本国优先权,将授权前的异议程序改为授权后的行政撤销程序。但随着体制改革不断深化、对外开放逐步扩大,又出现了一些新情况、新问题。为了进一步发挥专利制度在技术创新和经济发展中的积极作用,对《专利法》作进一步适当修改是必要的。

2000年8月25日,九届全国人大常委会第十七次会议对《专利法》作了第二次修改。修改的主要内容包括:(1)不再按所有制确定专利权的归属。(2)进一步完善专利保护制度。一是,增加规定不经专利权人许可,他人不得"许诺销售"其专利产品的内容;二是,增加规定发明专利申请公布后至专利权被授予前使用该

---

① 为方便读者阅读,本书中的法律法规名称均使用简称。

发明未支付适当使用费引起争议的诉讼时效;三是,增加规定确定专利侵权赔偿额的计算方法;四是,增加规定对假冒他人专利尚不构成犯罪行为的行政处罚;等等。(3)简化、完善有关程序。一是,在发明专利已经在外国提出申请的情况下,将申请人应当提供该国有关审查资料改为专利申请受理审查机构可以要求其提供该国有关审查资料;二是,取消撤销程序;三是,增加规定请求宣告发明专利权无效程序的对方当事人作为第三人参加诉讼。(4)就处理专利国际申请问题与《专利合作条约》相衔接。(5)根据政府机构改革精神,完善专利行政执法体制。

2008年12月27日,十一届全国人大常委会第六次会议对《专利法》进行了第三次修改。本次修改,首先是要进一步加强对专利权的保护,激励自主创新,促进专利技术的实施,推动专利技术向现实生产力转化,提高我国自主创新能力,完成建设创新型国家的目标。其次是保持与世界接轨。

2020年10月17日,十三届全国人大常委会第二十二次会议对《专利法》进行了第四次修改。本次修改主要包括以下内容:(1)加强对专利权人合法权益的保护。加大对专利侵权行为的惩治力度,在充分发挥司法保护主导作用的同时,完善行政执法,提升专利保护效果和效率。(2)促进专利实施和运用。完善对发明人、设计人激励机制以及专利授权制度,加强专利公共服务,为专利权的取得和实施提供更多便利,激发创新积极性,促进发明创造。(3)将实践证明成熟的做法上升为法律规范。

中华人民共和国专利法

（1984年3月12日第六届全国人民代表大会常务委员会第四次会议通过　根据1992年9月4日第七届全国人民代表大会常务委员会第二十七次会议《关于修改〈中华人民共和国专利法〉的决定》第一次修正　根据2000年8月25日第九届全国人民代表大会常务委员会第十七次会议《关于修改〈中华人民共和国专利法〉的决定》第二次修正　根据2008年12月27日第十一届全国人民代表大会常务委员会第六次会议《关于修改〈中华人民共和国专利法〉的决定》第三次修正　根据2020年10月17日第十三届全国人民代表大会常务委员会第二十二次会议《关于修改〈中华人民共和国专利法〉的决定》第四次修正）

第一章　总　　则

第一条　【立法目的】[1]为了保护专利权人的合法权益，鼓励发明创造，推动发明创造的应用，提高创新能力，促进科学技术进步和经济社会发展，制定本法。

条文注释[2]

本条是关于立法目的的规定。

---

[1][2]　条文主旨、条文注释为编者所加，仅供参考，下同。——编者注

本法的立法目的是：

1. 保护专利权人的合法权益

本法所称的"专利权"，是指依照本法的规定，专利权人对其所获得专利的发明创造，在法定期限内所享有的独占权或专有权。根据本法的规定，除法律中明确规定的几种情形外，未经专利权人许可，任何单位或者个人不得为生产经营目的制造、使用、许诺销售、销售、进口其专利产品，或者使用其专利方法以及使用、销售、进口依照该专利方法直接获得的产品。否则，就构成对专利权的侵犯，侵权人应依法承担法律责任。

2. 鼓励发明创造

本法确立的专利制度，使那些具有实用价值和经济意义并且被依法授予专利权的发明创造，成为专利权人可以行使财产权利的发明创造。专利权人可以依此在经济上得到利益，这能够鼓励发明创造，调动人们开展发明创造活动的积极性，吸引更多的资金、人力投入发明创造活动。

3. 推动发明创造的应用

根据本法的规定，专利权人对其取得专利的发明创造享有专有权，其可以通过自行实施该专利取得收益，也可以根据本法的规定，与他人订立专利实施许可合同，通过许可他人实施其专利而取得被许可人支付的专利许可使用费。

4. 提高创新能力，促进科学技术进步和经济社会发展

实行专利制度，对于鼓励发明创造、促进发明创造的推广应用具有十分重要的作用，而且专利技术公开制度对于充分利用已有的科研成果、避免研究开发中的重复工作、提高科研工作的效率具有积极作用。这些对促进科学技术的进步具有重要意义。

关联法规

《宪法》第 47 条

第二条 【受保护的发明创造】本法所称的发明创造是指发明、实用新型和外观设计。

发明,是指对产品、方法或者其改进所提出的新的技术方案。

实用新型,是指对产品的形状、构造或者其结合所提出的适于实用的新的技术方案。

外观设计,是指对产品的整体或者局部的形状、图案或者其结合以及色彩与形状、图案的结合所作出的富有美感并适于工业应用的新设计。

条文注释

本条是关于专利权的客体即可以取得专利保护的发明创造的范围的规定。

依照本条规定,可以取得专利权保护的发明创造包括:

1. 发明

发明,是指对产品、方法或者其改进所提出的新的技术方案。主要包括产品发明和方法发明两类。产品发明,是指人工制造的各种有形物品的发明,如新的机器、设备、材料、工具、用具等的发明。方法发明,是指关于把一个物品或物质改变成另一个物品或物质所采用的手段的发明,如新的制造方法、化学方法、生物方法等的发明。

2. 实用新型

实用新型应具备以下特征:(1)实用新型的客体必须是一种产品。(2)实用新型是针对产品的形状、构造或组合而言,即必须是对产品的外部形状、内部结构或者二者的结合提出的一种新的技术方案。(3)实用新型必须具有实用性,即应当具有一定的实用价值并且能够被制造。(4)实用新型必须是"新型",即具有一定的创新性,属于一种"新的技术方案"。

3. 外观设计

作为专利保护的外观设计应具备以下特征:(1)外观设计的载体必须是产品。产品,是指任何用工业方法生产出来的物品。不能重复生产的手工艺品、农产品、畜产品、自然物等,不能作为外观设计的载体。(2)构成外观设计的是产品的整体或者局部的形状、图案或者其结合以及色彩与形状、图案的结合。产品的色彩不能独立构成外观设计。(3)外观设计能应用于产业上并批量生产。(4)外观设计是一种富有美感的新的设计方案。但根据本法第25条第1款第6项的规定,对平面印刷品的图案、色彩或者二者的结合作出的主要起标识作用的设计,不授予专利权。其可以通过商标、著作权等法律制度获得保护。

第三条 【专利行政管理体制】国务院专利行政部门负责管理全国的专利工作;统一受理和审查专利申请,依法授予专利权。

省、自治区、直辖市人民政府管理专利工作的部门负责本行政区域内的专利管理工作。

【条文注释】

本条是关于专利行政管理体制的规定。

本条第1款提到的"国务院专利行政部门",按照现行的国务院机构设置,是指国家知识产权局。

考虑到专利权是在全国范围内有效的具有独占性质的权利,且专利申请的审查和专利权的授予专业性很强,对审查人员要求很高,我国对专利申请的受理、审查以及专利权的授予,采用的是集中统一的方式,由国务院专利行政部门负责,不由各省、自治区、直辖市人民政府管理专利工作的部门分散负责。实践中,为了方便各地的申请人提交专利申请,国家知识产权局在各地省会城市设立了代办处受理专利申请。

第四条 【涉及国家安全或者重大利益需要保密的发明创造的专利申请】申请专利的发明创造涉及国家安全或者重大利益需要保密的,按照国家有关规定办理。

条文注释

本条是关于申请专利的发明创造涉及国家安全或者重大利益保密问题的规定。

根据本条规定,对涉及国家秘密的专利申请的保密问题,应按照国家有关规定办理。"国家有关规定",既包括《保守国家秘密法》的规定,也包括国务院制定的《专利法实施细则》等行政法规中的规定。

专利申请涉及国防利益需要保密的,由国防专利机构受理并进行审查;国务院专利行政部门受理的专利申请涉及国防利益需要保密的,应当及时移交国防专利机构进行审查。经国防专利机构审查没有发现驳回理由的,由国务院专利行政部门作出授予国防专利权的决定。国务院专利行政部门认为其受理的发明或者实用新型专利申请涉及国防利益以外的国家安全或者重大利益需要保密的,应当及时作出按照保密专利申请处理的决定,并通知申请人。保密专利申请的审查、复审以及保密专利权无效宣告的特殊程序,由国务院专利行政部门规定。

关联法规

《科学技术进步法》第102、106条;《保守国家秘密法》;《专利法实施细则》第7、9条

第五条 【违法发明创造不授予专利权】对违反法律、社会公德或者妨害公共利益的发明创造,不授予专利权。

对违反法律、行政法规的规定获取或者利用遗传资源,并依赖该遗传资源完成的发明创造,不授予专利权。

条文注释

本条是关于违法发明创造不授予专利权的规定。

依照本条第 1 款的规定,不授予专利权的发明创造包括:

(1)违反法律的发明创造。"法律",仅指由全国人大及其常委会制定的法律,不包括行政法规、地方性法规和规章等其他规范性文件。发明创造与法律相违背的,不能被授予专利权。例如,用于赌博的设备、机器或工具,吸毒的器具等都属于违反法律的发明创造,不能被授予专利权。发明创造没有违反法律,但是由于其被滥用而违反法律的,则不属此列。例如,用于医疗的各种麻醉品、镇静剂、兴奋剂和用于娱乐的棋牌等。另外,根据《专利法实施细则》第 10 条的规定,违反法律的发明创造,不包括仅其实施为法律所禁止的发明创造。

(2)违反社会公德的发明创造。社会公德,是指公众普遍认为是正当的并被接受的伦理道德观念和行为准则。它的内涵基于一定的文化背景,随着时间的推移和社会的进步不断发生变化,而且因地域不同而不同。发明创造与社会公德相违背的,不能被授予专利权。

(3)妨害公共利益的发明创造。此种发明创造,是指该发明创造的实施或使用会给公众或社会造成危害,或者会对社会的正常秩序产生不利影响。但是,如果一项发明创造仅仅由于被滥用而可能造成危害,或在产生积极效果的同时存在某种缺点,例如,对人体有某种副作用的药品,则不应被认为是妨害公共利益的发明创造。

(4)如果一项申请专利的发明创造的一部分属于违反国家法律、社会公德或妨害社会公共利益的情况而其他部分是合法的,按照《专利审查指南》的要求,审查员应当通知申请人进行修改,删除违反本条第 1 款规定的部分。如果申请人不同意删除违法的部分,就不能被授予专利权。

本条第 2 款提到的遗传资源,根据《专利法实施细则》第 29

条的规定,是指取自人体、动物、植物或者微生物等含有遗传功能单位并具有实际或者潜在价值的材料和利用此类材料产生的遗传信息;依赖遗传资源完成的发明创造,是指利用了遗传资源的遗传功能完成的发明创造。就依赖遗传资源完成的发明创造申请专利的,申请人应当在请求书中予以说明,并填写国务院专利行政部门制定的表格。

关联法规

《专利法实施细则》第10、29条

第六条 【职务发明创造和非职务发明创造的权利归属】
执行本单位的任务或者主要是利用本单位的物质技术条件所完成的发明创造为职务发明创造。职务发明创造申请专利的权利属于该单位,申请被批准后,该单位为专利权人。该单位可以依法处置其职务发明创造申请专利的权利和专利权,促进相关发明创造的实施和运用。

非职务发明创造,申请专利的权利属于发明人或者设计人;申请被批准后,该发明人或者设计人为专利权人。

利用本单位的物质技术条件所完成的发明创造,单位与发明人或者设计人订有合同,对申请专利的权利和专利权的归属作出约定的,从其约定。

条文注释

本条是关于职务发明创造和非职务发明创造申请专利的权利及专利权归属的规定。

本条所称的"单位",包括各国家机关、团体、部队,各类企业、事业单位以及民办非企业单位等。本条所称的"发明人""设计人",是指对发明创造的实质性特点作出创造性贡献的人,即通过自己的智力劳动,完成产品、方法的发明或者实用新型、外观设计的技术方案的人。在完成发明创造过程中,只负责组织工作的人、为物质技术条件的利用提供方便的人或者从事其他辅助工作的人,如计算机录入人员、描图员等,不是发明人或者设计人。还应指出的是,法人或其他组织可以成为专利申请权和专利权的主体,但不能作为发明人或设计人。发明人、设计人只能是通过自己的智慧和才能完成发明创造的自然人。

按照本条第1款的规定,属于下列两种情形之一的发明创造,为职务发明创造,其申请专利的权利属于发明人或设计人任职的单位;申请被批准后,该单位为专利权人:

1. 执行本单位的任务所完成的发明创造

执行本单位的任务所完成的职务发明创造,根据《专利法实施细则》第13条的规定,是指:(1)在本职工作中作出的发明创造;(2)履行本单位交付的本职工作之外的任务所作出的发明创造;(3)退休、调离原单位后或者劳动、人事关系终止后1年内作出的,与其在原单位承担的本职工作或者原单位分配的任务有关的发明创造。本单位,包括临时工作单位。

2. 主要利用本单位的物质技术条件所完成的发明创造

发明人、设计人主要利用本单位的物质技术条件完成的发明创造,尽管不属于执行本单位的任务,也应作为职务发明创造,申请专利的权利和专利权属于单位。但是,本条第3款另有规定的除外。本单位的物质技术条件,是指本单位的资金、设备、零部件、原材料或者不对外公开的技术信息和资料等。

除本条第1款规定属于职务发明创造的情形外,发明人或者设计人所完成的发明创造,都属于非职务发明创造,其申请专利的权利和申请被批准后的专利权,属于发明人或者设计人。

按照本条第1款的规定,主要利用本单位的物质技术条件所完成的发明创造,原则上属于职务发明创造,申请专利的权利和申请被批准后的专利权归单位。但是,如果使用本单位的物质技术条件完成发明创造的发明人或者设计人与本单位签订了合同,对申请专利的权利和专利权的归属作出约定,则按照本条第3款的规定,应依照双方的约定确定申请专利的权利和专利权的归属。这一规定,既有利于鼓励个人发明创造的积极性,也有利于充分发挥单位物质技术条件的作用。

关联法规

《集成电路布图设计保护条例》第9条;《专利法实施细则》第13、14条

第七条 【禁止压制非职务发明创造专利申请】 对发明人或者设计人的非职务发明创造专利申请,任何单位或者个人不得压制。

条文注释

本条是关于禁止压制非职务发明创造专利申请的规定。

对发明人或者设计人的非职务发明创造专利申请,包括发明人或者设计人所在单位在内的任何单位或者个人,都不得以任何方式进行压制。不得以任何理由、方式剥夺或者限制发明人或者设计人对自己的非职务发明创造依法申请专利的权利;不得强行要求发明人、设计人将其非职务发明创造作为职务发明创造;发明人或者设计人没有因完成非职务发明创造影响本职工作的,不能以影响本职工作为借口给予处分。即使因发明人、设计人在履行本职工作上存在的问题而应当给予处分的,也不得压制其对非职务发明创造依法申请取得专利的权利。

第八条 【合作发明创造和受委托发明创造的权利归属】 两个以上单位或者个人合作完成的发明创造、一个单位或者个人接受其他单位或者个人委托所完成的发明创造,除另有协议的以外,申请专利的权利属于完成或者共同完成的单位或者个人;申请被批准后,申请的单位或者个人为专利权人。

条文注释

本条是关于合作完成的发明创造和接受委托完成的发明创造申请专利的权利及专利权的归属的规定。

两个以上单位或者个人合作完成的发明创造,既可以是单位与单位之间的合作,也可以是单位与个人之间的合作,还可以是个人与个人的合作。合作的方式,既可以是合作各方按照分工分别承担一项发明创造的不同部分或者不同阶段,也可以是一方或几方负责提供资金、设备、场地等物质条件,另一方或几方负责进行技术开发活动。合作完成的发明创造,合作各方可通过协议约定申请专利的权利及申请被批准后专利权的归属,以及合作各方的其他权利、义务。如果合作各方没有就合作完成的发明创造申请专利的权利及专利权的归属达成协议,按照本条的规定,申请专利的权利及取得的专利权应当归属完成或者共同完成发明创造的一方或几方。对于合作中各方共同完成的发明创造,应当由各完成方共同作为申请人提出专利申请(当然,实际操作中可选定一方为代表,办理有关专利事务),其中一方或几方没有征得其他共同完成方的同意的,不得自行提出专利申请。

另外,本法为侧重保护实际完成发明创造一方的利益,规定接受委托完成的发明创造,除当事人另有协议外,申请专利的权利和取得的专利权归于完成发明创造的一方,即归属受托方。当然,委托方和受托方以协议约定申请专利的权利和专利权归属于委托方或者由双方共有的,应按照协议的约定。

关联法规

《民法典》第859、860条;《集成电路布图设计保护条例》第10、11条

第九条 【"一发明创造一专利"原则和先申请原则】同样的发明创造只能授予一项专利权。但是,同一申请人同日对同样的发明创造既申请实用新型专利又申请发明专利,先获得的实用新型专利权尚未终止,且申请人声明放弃该实用新型专利权的,可以授予发明专利权。

两个以上的申请人分别就同样的发明创造申请专利的,专利权授予最先申请的人。

条文注释

本条是关于"一发明创造一专利"原则和先申请原则的规定。

对于一项发明创造,只能向一个特定主体授予一项专利权,人们通常称为"一发明创造一专利"原则或"专利不重复"原则,我国在长期的专利实践中一直坚持"一发明创造一专利"的原则。

针对产品的技术创新而言,当事人在提出专利申请时,依法拥有分别寻求发明或实用新型专利保护的选择权,但申请人需自行承担因创造性程度达不到法律所规定的发明专利标准而无法获得发明专利授权的风险。本条第1款允许同一申请人同日对同样的发明创造既申请实用新型专利又申请发明专利,是对当事人这种选择权的尊重与确认。鉴于实用新型专利的法定保护期短于发明专利法定保护期,该款规定先获得的实用新型专利权尚未终止,且申请人声明放弃该实用新型专利权的,可以授予发明专利。

当两个以上的主体就同样的发明创造申请专利时,不论谁发明在先,专利权授予最先提出专利申请的人。实行这一原则,可以克服先发明原则的弊端,有利于鼓励发明人及时提出专利申请,充分发挥专利制度促进技术公开和交流的作用;同时,由于只需要看谁的申请在先,而不需花费大量的时间和精力去确定谁是先发明人,可以大大提高对专利申请审查的效率。根据本条第2款的规定,在处理两个以上的主体分别就同样的发明创造申请专利时,实行申请在先的原则。

> **第十条　【专利申请权和专利权的转让】**专利申请权和专利权可以转让。
>
> 中国单位或者个人向外国人、外国企业或者外国其他组织转让专利申请权或者专利权的,应当依照有关法律、行政法规的规定办理手续。
>
> 转让专利申请权或者专利权的,当事人应当订立书面合同,并向国务院专利行政部门登记,由国务院专利行政部门予以公告。专利申请权或者专利权的转让自登记之日起生效。

条文注释

本条是关于专利申请权和专利权转让的规定。

依照本条第1款的规定,专利申请权和专利权都可以转让。(1)职务发明创造,申请专利的权利属于发明人或者设计人任职的单位;非职务发明创造,申请专利的权利属于发明人或者设计人。拥有申请专利的权利的单位或个人可以将其专利申请权转让他人。转让后,受让人成为新的专利申请权人,继受取得原专利申请权人的全部权利和义务。(2)专利权人可以按照自己的意愿依法处分其专利权,既可以收取转让费有偿转让其专利权,也可以以赠与等方式无偿转让其专利权。专利权转让后,专利权的主体变更,受让人成为新的专利权人,对取得专利的发明创造享有独占权,同时应履行专利权人的义务,如缴纳专利年费等。

依照本条第2、3款的规定,转让专利申请权和专利权,须遵

守以下规定:

(1)中国单位或者个人向外国人、外国企业或者外国其他组织转让专利申请权或者专利权的,应当依照有关法律、行政法规的规定办理手续。"应当依照有关法律、行政法规的规定办理手续",主要是指按照我国关于技术进出口管理的有关规定,办理许可(主要针对限制出口的技术)或者登记手续(主要针对自由出口的技术)等。

(2)转让专利申请权或者专利权的,当事人应当订立合同。该合同为要式合同,即必须以书面形式订立。对转让专利申请权或者专利权的合同,除本法或有关行政法规另有规定的以外,应适用《民法典》的有关规定。

(3)转让专利申请权或者专利权的,当事人订立转让合同后,应当向国务院专利行政部门办理登记。专利申请权或者专利权的转让自登记之日起生效。需要指出的是,当事人办理登记,是专利申请权或者专利权转移生效的要件,而不是转让合同生效的要件。依照《民法典》第502条的规定,依法成立的合同,自成立时生效,但是法律另有规定或者当事人另有约定的除外。

(4)按照《国防专利条例》的规定,国防专利申请权和国防专利权经批准可以向国内的中国单位和个人转让,禁止向国外的单位和个人以及在国内的外国人和外国机构转让国防专利申请权和国防专利权。转让国防专利申请权或者国防专利权,应当确保国家秘密不被泄露,保证国防和军队建设不受影响,并向国防专利机构提出书面申请,按规定审批。

关联法规

《国防专利条例》第7、8条;《最高人民法院关于审理技术合同纠纷案件适用法律若干问题的解释》第23、24条

第十一条 【专利权的效力】发明和实用新型专利权被授予后,除本法另有规定的以外,任何单位或者个人未经专利权人许可,都不得实施其专利,即不得为生产经营目的制造、使用、许诺销售、销售、进口其专利产品,或者使用其专利方法以及使用、许诺销售、销售、进口依照该专利方法直接获得的产品。

外观设计专利权被授予后,任何单位或者个人未经专利权人许可,都不得实施其专利,即不得为生产经营目的制造、许诺销售、销售、进口其外观设计专利产品。

条文注释

本条是关于专利权人对其专利产品或专利方法所享有的专有权的规定。

专利权是一种排他性的或独占性的权利,即专利权人对其专利产品或者专利方法的"实施"享有专有权。本条对本法所称的专利的"实施"进行了界定:

(1)关于发明和实用新型专利的实施。发明可以涉及产品和方法两个方面,而实用新型则只涉及产品而不涉及方法。如果一项专利是关于产品(及其改进)的发明或者实用新型,则该专利的实施就是为生产经营目的制造、使用、许诺销售、销售、进口其专利产品的行为;如果一项专利是关于方法(及其改进)的发明,则该专利的实施就是为生产经营目的使用其专利方法以及使用、许诺销售、销售、进口依照该专利方法直接获得的产品的行为。显然,方法专利的实施范围要大于产品专利的实施范围。

(2)关于外观设计专利的实施。外观设计专利仅涉及产品而不涉及方法。外观设计专利的实施,是指为生产经营目的制造、许诺销售、销售、进口其外观设计专利产品的行为。

专利权人对其专利的独占实施权即专有权,但这并不意味着只有专利权人自己才可以实施其专利,而是如本条所规定的,专利权人以外的任何单位或个人要实施他人的专利,都必须取得专利权人的许可(本法另有规定的除外)。凡是任何单位或个人未经专利权人许可,又无法律依据而擅自实施其专利的,均构成对专利权的侵犯,应当依法承担法律责任。

本条对专利权人的专有实施权作了"除本法另有规定的以外"的限制。这里所说的"本法另有规定",一是指本法第49条规定的对国有企业事业单位的发明专利,经国务院批准的推广实施;二是指国务院专利行政部门依照本法第6章规定给予的专利实施的强制许可。只有在这两种法定情况下,按法定条件和程序,才可以不经专利权人的自愿许可而实施其专利。

第十二条 【专利实施许可】任何单位或者个人实施他人专利的,应当与专利权人订立实施许可合同,向专利权人支付专利使用费。被许可人无权允许合同规定以外的任何单位或者个人实施该专利。

条文注释

本条是关于专利实施许可的规定。

专利权是专利权人依法享有的民事权利。依照本法规定,专利权人可以自己实施也可以许可他人实施其专利。同时,考虑到专利权作为一种带有垄断性的私权,为协调其与公共利益可能发生的冲突,本法还规定了可由专利行政部门依法给予专利实施的强制许可,以及经国务院批准的指定(推广实施)许可。

依照本条规定,任何单位或者个人实施他人专利,无论其实施许可是来自专利权人的自愿许可还是由专利行政部门依法给予的强制许可或国务院批准的指定(推广实施)许可,都应当与专利权人订立专利实施许可合同。

无论被许可人以何种方式获得专利实施许可,都没有超越合同的权利,都无权允许合同约定以外的任何单位或者个人实施该专利。这一规定目的在于充分保护专利权人的权利。被许可人只能依据实施许可合同取得专利的实施权,不得行使合同没有明确约定的任何权利。

关联法规

《民法典》合同编第 20 章

> **第十三条 【临时保护】**发明专利申请公布后,申请人可以要求实施其发明的单位或者个人支付适当的费用。

条文注释

本条是关于对发明专利的申请人给予"临时保护"的规定。

本法规定专利权的期限是从专利申请日开始计算的,但专利权的取得却以专利权的授予为条件。在提出发明专利申请到被授予专利权之前,其权利主张者仅仅是申请人,而不具有专利权人的身份。因此,在发明专利申请公布后、专利权被授予前,专利申请人并不享有完整的、充分的、真正的专利权。这是由发明专利申请审查制度的特殊性造成的。本条对"临时保护"作了规定,明确发明专利申请公布后,申请人可以要求实施其发明的单位或者个人支付适当的费用。

本条规定的"临时保护",是对一项尚在申请程序中的发明的专利权处于不确定状态下的"费用请求权"。在这种情形下,法律首先承认公众和社会享受科技进步成果、实施发明技术方案的权利,同时也充分考虑申请人可能最终获得专利权的实际利益,保障公众在享受发明专利申请人所提供的技术成果的同时,给予申请人适当的经济补偿。实践中,实施该发明的单位和个人往往会以该申请尚未被授予发明专利权而拒绝立即支付使用费。根据《专利法实施细则》的规定,专利申请人请求管理专利工作的部门调解该纠纷的,只能等到该申请被授予专利权之后才能提出。

关联法规

《专利法实施细则》第102条

> **第十四条 【行使共有的专利申请权、专利权】**专利申请权或者专利权的共有人对权利的行使有约定的,从其约定。没有约定的,共有人可以单独实施或者以普通许可方式许可他人实施该专利;许可他人实施该专利的,收取的使用费应当在共有人之间分配。
>
> 除前款规定的情形外,行使共有的专利申请权或者专利权应当取得全体共有人的同意。

条文注释

本条是关于行使共有的专利申请权、专利权的规定。

根据本条规定:

(1)共有人对权利的行使有约定的,从其约定。即专利申请权、专利权的共有人有权对共有权的行使进行协商,作出约定。比如,共有人之间约定,行使共有的专利申请权、专利权必须经全体共有人同意。

(2)共有人对权利的行使未作约定的,共有人可以单独实施或者以普通许可方式许可他人实施该专利。即许可他人实施该专利时,只能采取普通许可的方式,不能采取排他许可、独占许可等方式,因为这些许可方式会损害其他共有人的利益。同时,本条对许可他人实施专利的使用费问题作了规定,即使用费在共有人之间分配。

(3)除上述规定的情形外,行使共有的专利申请权或者专利权,应当取得全体共有人的同意。即在共有人对行使共有的专利申请权或者专利权未作约定的情形下,共有人可以单独实施或者以普通许可方式许可他人实施其专利。除此之外,对其他权利的行使应当取得全体共有人的同意。

第十五条 【职务发明创造的奖励、报酬和激励】被授予专利权的单位应当对职务发明创造的发明人或者设计人给予奖励;发明创造专利实施后,根据其推广应用的范围和取得的经济效益,对发明人或者设计人给予合理的报酬。

国家鼓励被授予专利权的单位实行产权激励,采取股权、期权、分红等方式,使发明人或者设计人合理分享创新收益。

条文注释

本条是关于对职务发明创造的发明人或者设计人给予奖励、报酬和激励的规定。

根据本法第6条的规定,职务发明创造的专利申请权和专利权属于单位,申请被批准后,该单位为专利权人,单位享有法律授予专利权人的一切权利。但是,从根本上来说,发明创造是发明人、设计人智力活动的成果。发明人或者设计人虽然不能享有职务发明创造的专利权,但单位对其智力劳动应当给予相应的回报,这有利于提高个人进行发明创造的积极性,促进科学技术进步和创新。因此,本条规定,对职务发明创造的发明人或者设计人,单位应当给予奖励;在专利实施后,根据实施情况,给予合理的报酬。

被授予专利权的单位可以与发明人、设计人约定或者在其依法制定的规章制度中规定本条规定的奖励、报酬的方式和数额。鼓励被授予专利权的单位实行产权激励,采取股权、期权、分红等方式,使发明人或者设计人合理分享创新收益。企业、事业单位给予发明人或者设计人的奖励、报酬,按照国家有关财务、会计制度的规定进行处理。被授予专利权的单位未与发明人、设计人约定也未在其依法制定的规章制度中规定本条规定的奖励的方式和数额的,应当自公告授予专利权之日起3个月内发给发明人或者设计人奖金。一项发明专利的奖金最低不少于 4000 元；一项实用新型专利或者外观设计专利的奖金最低不少于 1500 元。由于发明人或者设计人的建议被其所属单位采纳而完成的发明创造，被授予专利权的单位应当从优发给奖金。被授予专利权的单位未与发明人、设计人约定也未在其依法制定的规章制度中规定本条规定的报酬的方式和数额的，应当依照《促进科技成果转化法》的规定，给予发明人或者设计人合理的报酬。

需要注意的是，被授予专利权的单位，无论其被授予专利权的发明创造有没有实施，有没有创造出经济效益，都应当给予发明人或者设计人以奖励。在发明创造专利实施以后，被授予专利权的单位还应根据该发明创造推广应用的范围和取得经济效益的大小，给予发明人或者设计人合理的报酬。这里所说的经济效益，既包括被授予专利权的单位自己实施专利所取得的经济效益，广义上也包括许可他人实施或者转让专利权所取得的经济效益。

关联法规

《专利法实施细则》第 92~94 条

第十六条 【发明人、设计人的署名权，专利权人的专利标识权】 发明人或者设计人有权在专利文件中写明自己是发明人或者设计人。

专利权人有权在其专利产品或者该产品的包装上标明专利标识。

条文注释

本条是关于发明人、设计人的署名权，专利权人的专利标识权的规定。

1. 发明人、设计人的署名权

署名权是发明人或者设计人的一项重要的人身权利。根据本法第 6 条第 2 款的规定，对于非职务发明创造来说，发明人或者设计人的署名是确定申请专利的权利和专利权归属的依据。对于职务发明创造,虽然申请专利的权利和专利权并不属于发明人或者设计人,但本法仍然赋予发明人或者设计人在专利文件中署名的权利,以表明其对该发明创造作出了实质性贡献。对发明人或者设计人智力劳动的成果予以肯定,可以激发发明人或者设计人进行发明创造的积极性,同时也是被授予专利权的单位确定给予奖励和给付报酬的对象的依据。

署名权是法律赋予发明人或者设计人的权利,发明人或者设计人可以行使,也可以不行使。不能以发明人或者设计人没有在专利文件中署名,而认为其不是发明创造的发明人或者设计人。

2. 专利权人的专利标识权

专利权人的专利标识权,是指专利权人在自己的专利产品或者该产品的包装上标明专利标识的权利。专利标识是表明该产品是专利产品的标志,通常标明"专利"或者"中国专利"以及专利号。专利号,是指国务院专利行政部门授予专利权的序号。专利权人在其专利产品或者该产品的包装上标明专利标识的,应当按照国务院专利行政部门规定的方式予以标明。专利标识不符合前述规定的,由县级以上负责专利执法的部门责令改正。

关联法规

《广告法》第12条;《专利法实施细则》第99条

第十七条 【涉外规定】在中国没有经常居所或者营业所的外国人、外国企业或者外国其他组织在中国申请专利的,依照其所属国同中国签订的协议或者共同参加的国际条约,或者依照互惠原则,根据本法办理。

条文注释

本条是关于在我国没有经常居所或者营业所的外国人、外国企业或者外国其他组织在我国申请专利应如何办理的规定。

我国在对待外国人在我国申请专利的问题上,分以下三种情况进行处理:

(1) 依照其所属国同中国签订的协议办理。这里所说的协议,主要是指我国同其他国家签订的双边协议。如果该协议规定,互相允许对方的自然人和企业、其他组织在本国申请专利,那么应当按照此规定办理。

(2) 依照其所属国同中国共同参加的国际条约办理。我国已参加了《保护工业产权巴黎公约》《建立世界知识产权组织公约》《TRIPS协定》。上述国际条约都规定了各成员应允许互相申请和获得专利,并实行国民待遇原则。对上述国际条约缔约国的公民、法人或者其他组织在我国申请专利,我国应给予其国民待遇。

(3) 依照互惠原则办理。互惠原则又称对等原则,也就是说,如果所属国允许我国的公民或者企业、其他组织在该国申请和获得专利,那么,即使所属国和我国既没有签订有关双边协议,又没有共同加入有关国际条约,我国也允许该国公民或者企业、其他组织在我国申请和获得专利;反之亦然。

第十八条 【专利代理】在中国没有经常居所或者营业所的外国人、外国企业或者外国其他组织在中国申请专利和办理其他专利事务的,应当委托依法设立的专利代理机构办理。

中国单位或者个人在国内申请专利和办理其他专利事务的,可以委托依法设立的专利代理机构办理。

专利代理机构应当遵守法律、行政法规,按照被代理人的委托办理专利申请或者其他专利事务;对被代理人发明创造的内容,除专利申请已经公布或者公告的以外,负有保密责任。专利代理机构的具体管理办法由国务院规定。

条文注释

本条是关于专利代理以及专利代理机构基本执业准则的规定。

1. 专利代理的定义

专利代理是一种委托代理,是指专利代理机构根据被代理人的委托,以被代理人的名义,在代理权限内办理专利申请或者其他专利事务的行为。

2. 专利代理的具体情形

本条第1款规定,涉外专利事务应当委托代理。在中国没有经常居所或者营业所的外国人、外国企业或者外国其他组织在中国申请专利和办理其他专利事务的,应当委托依法设立的专利代理机构办理。也就是说,允许所有依法设立的专利代理机构承接外国人、外国企业或者外国其他组织向中国申请专利的有关业务。

本条第2款规定,国内专利事务可以委托代理。中国单位或者个人在国内申请专利和办理其他专利事务的,可以委托依法设立的专利代理机构办理。当然,也可以不委托专利代理机构而由自己直接办理。

3. 专利代理机构的基本执业准则

本条第3款规定了专利代理机构的基本执业准则。具体包括:

(1) 遵守法律、行政法规。专利代理机构为委托人办理专利事务,必须遵守本法及《专利法实施细则》等法律、行政法规的规定,不得有弄虚作假或其他违法行为。这是对专利代理机构执业最基本的要求。

(2) 按照被代理人的委托办理专利申请或者其他专利事务。专利代理机构是接受委托人的委托,以委托人的名义代为办理专利事务的社会中介机构。专利代理机构只能按照委托人的授权办理有关专利事务,其在委托权限内的代理行为的法律后果由委托人承担;专利代理机构不按委托人的委托办理专利事务的,属于无权代理或者越权代理,其行为的后果对委托人不产生法律效力。

(3)保密责任。专利代理机构在从事专利代理工作的过程中,会知悉委托人发明创造的内容,除专利申请已经公布或者公告的以外,专利代理机构对委托人发明创造的内容负有保密的义务。

关联法规

《专利代理条例》;《专利法实施细则》第18条;《专利代理管理办法》

第十九条 【专利的涉外申请】任何单位或者个人将在中国完成的发明或者实用新型向外国申请专利的,应当事先报经国务院专利行政部门进行保密审查。保密审查的程序、期限等按照国务院的规定执行。

中国单位或者个人可以根据中华人民共和国参加的有关国际条约提出专利国际申请。申请人提出专利国际申请的,应当遵守前款规定。

国务院专利行政部门依照中华人民共和国参加的有关国际条约、本法和国务院有关规定处理专利国际申请。

对违反本条第一款规定向外国申请专利的发明或者实用新型,在中国申请专利的,不授予专利权。

条文注释

本条是关于向外国申请专利应当事先进行保密审查,以及国务院专利行政部门处理专利国际申请的法律适用的规定。

1.关于向外国申请专利的保密审查

本条第1款对在中国完成的发明或者实用新型向外国申请专利的保密审查进行了规定,主要包含以下三层意思:(1)保密审查的范围限于向外国申请专利的发明和实用新型,不包括外观设计,且该发明和实用新型必须是在中国完成的,无论其是由申请人完成的,还是由他人完成后转让给申请人的;(2)申请保密审查的主体是准备将上述发明或者实用新型向外国申请专利的任何单位或者个人;(3)申请人应当在向外国申请专利前,将该发明或者实用新型报经国务院专利行政部门进行保密审查。

2. 关于专利国际申请

本条第2款规定,中国单位或者个人可以根据我国参加的有关国际条约提出专利国际申请。有关国际条约,目前指的是我国已经加入的《专利合作条约》。根据《专利合作条约》的规定,申请人可以在本国专利局用一种语言按照统一的格式,提出一个在各指定国都产生正式效力的国际申请,从而避免因需要分别在各国提出专利申请而造成的许多不便和大量的时间耗费。

专利国际申请,也属于向外国申请专利,因此本条第2款特别强调,提出专利国际申请,应当符合本条第1款关于保密审查的规定。

3. 关于专利国际申请的处理

本条第3款对国务院专利行政部门如何处理专利国际申请作了规定,即处理专利国际申请,应当依照我国参加的有关国际条约、本法和国务院有关规定进行。

4. 关于违反保密审查义务的法律后果

本条第4款对违反本条第1款的行为规定了法律后果,即对未依法经过保密审查而向外国申请专利的发明和实用新型,其后又在中国申请专利的,不授予专利权。

关联法规

《专利法实施细则》第8、118条

第二十条 【诚实信用原则、禁止滥用】 申请专利和行使专利权应当遵循诚实信用原则。不得滥用专利权损害公共利益或者他人合法权益。

滥用专利权,排除或者限制竞争,构成垄断行为的,依照《中华人民共和国反垄断法》处理。

条文注释

本条是关于申请专利和行使专利权应当遵循诚实信用原则和不得滥用专利权的规定。

1. 关于诚实信用原则

诚实信用原则是各国民法公认的基本原则,要求民事主体在从事任何民事活动时,包括行使民事权利、履行民事义务、承担民事责任时,都应当诚实、守信,正当行使权利和履行义务。知识产权的取得和行使,应当遵守诚实信用原则,已经成为共识。专利权作为一种基本的民事权利,在其申请和行使阶段,也应当遵循诚实信用原则,不能通过抄袭、伪造等手段获得专利权,不得违反诚实信用原则行使专利权。提出各类专利申请应当以真实发明创造活动为基础,不得弄虚作假。

2. 关于专利权不得滥用

滥用专利权是一个广泛的概念,并不限于反垄断方面即滥用专利权排除限制竞争的行为,还包括其他类型,实践中专利领域存在的恶意诉讼(如明知其专利不稳定的实用新型和外观设计专利权人恶意提起侵权诉讼、恶意申请禁令等)、"放水养鱼"(专利权人明知他人侵犯其专利权,不及时提起侵权诉讼,而是在侵权人产业做强后再提起诉讼等)等,也可能构成专利权的滥用。

3. 关于滥用专利权排除限制竞争

滥用专利权排除或者限制竞争,是一种比较典型的专利权滥用行为。因专利权而形成的天然垄断地位以及因专利权的行使而对竞争的限制,是基于法律的授权,是合法的。但是,如果专利权人超出法律对其专有权规定的范围而滥用权利,排除、限制竞争,以谋取或加强其垄断地位,这种对专利权的滥用是不受保护的,应当受《反垄断法》的调整。为制止滥用专利权排除限制竞争的行为,与《反垄断法》相关规定相衔接,本条第 2 款明确规定:滥用专利权,排除或者限制竞争,构成垄断行为的,依照《反垄断法》处理。

关联法规

《民法典》第 7、132 条;《反垄断法》第 55 条;《专利法实施细则》第 11 条

第二十一条 【专利审查要求、专利信息公共服务】国务院专利行政部门应当按照客观、公正、准确、及时的要求,依法处理有关专利的申请和请求。

国务院专利行政部门应当加强专利信息公共服务体系建设,完整、准确、及时发布专利信息,提供专利基础数据,定期出版专利公报,促进专利信息传播与利用。

在专利申请公布或者公告前,国务院专利行政部门的工作人员及有关人员对其内容负有保密责任。

条文注释

本条是关于国务院专利行政部门应当遵守的基本准则、履行的工作职责和其工作人员及有关人员保密义务的规定。

1. 专利审查工作的基本要求

专利权需要经国务院专利行政部门审查符合法定条件后才能被赋予。为了确保国务院专利行政部门依法正确履行审查职责,本条第 1 款对国务院专利行政部门在处理专利申请或请求时应当遵守的基本准则作了规定,即国务院专利行政部门应当按照客观、公正、准确、及时的要求,依法处理有关专利的申请和请求。

2. 专利信息公共服务体系建设

国务院专利行政部门应当加强专利信息公共服务体系建设,提升专利信息公共服务能力,完整、准确、及时发布专利信息,提供专利基础数据,定期出版专利公报,促进专利信息传播与利用,促进专利相关数据资源的开放共享、互联互通。

3. 专利审查机构工作人员及有关人员的保密义务

本条第3款对国务院专利行政部门的工作人员及有关人员对专利申请的保密义务作了明确规定,有关人员必须严格遵守。

在专利申请依法公布或者公告前,专利申请的内容属于申请人的技术秘密,不能获得本法提供的保护。负责处理专利申请的国务院专利行政部门的工作人员及其他有可能在专利申请公布或者公告前了解专利申请内容的人员,都应当在专利申请公布或者公告前,对专利申请的内容承担保密义务,不得泄露专利申请的内容。否则,极有可能会给专利申请人造成损失,使专利申请人没有安全感而不愿意申请专利,同时也会损害国家行政机关的形象。

关联法规

《专利法实施细则》第16、107条

第二章　授予专利权的条件

第二十二条　【发明和实用新型的授权条件】授予专利权的发明和实用新型,应当具备新颖性、创造性和实用性。

新颖性,是指该发明或者实用新型不属于现有技术;也没有任何单位或者个人就同样的发明或者实用新型在申请日以前向国务院专利行政部门提出过申请,并记载在申请日以后公布的专利申请文件或者公告的专利文件中。

> 创造性,是指与现有技术相比,该发明具有突出的实质性特点和显著的进步,该实用新型具有实质性特点和进步。
>
> 实用性,是指该发明或者实用新型能够制造或者使用,并且能够产生积极效果。
>
> 本法所称现有技术,是指申请日以前在国内外为公众所知的技术。

【条文注释】

本条是关于授予专利权的发明和实用新型应当具备的实质要件的规定。

按照本条第1款规定,授予专利权的发明和实用新型应当具备新颖性、创造性和实用性,即通常所说的专利"三性"要件。

1.关于新颖性要求

专利制度的性质决定了被授予专利权的发明或者实用新型首先应当具有新颖性,本条第2款对新颖性的含义作了规定。

(1)判断是否具有新颖性,以申请专利的发明或实用新型是否属于现有技术为准。根据本条第5款的规定,现有技术,是指申请日以前在国内外为公众所知的技术。(2)判断是否具有新颖性的时间界限,以提出专利申请的申请日为基准。(3)同样的发明或者实用新型在此前是否已有任何单位或者个人提出过申请并记载在专利文件中,即习惯上所称的"抵触申请"。若有,后一申请则不具备新颖性,不能被授予专利权。

2.关于创造性要求

一项发明或者实用新型想要被授予专利权,仅仅具有新颖性还不够,还必须具有创造性,本条第3款对创造性的含义作了规定。

判断一项申请专利的发明是否符合创造性的标准,是该项发明是否具有"突出的实质性特点"和"显著的进步"。"突出的实质性特点",是指发明与现有技术相比具有明显的本质区别,对于发明所属技术领域的普通技术人员来说是显而易见的,他不能直接从现有技术中得出构成该发明全部必要的技术特征,也不能通过逻辑分析、推理或者试验而得到。"显著的进步",是指从发明的技术效果上看,与现有技术相比具有长足的进步。判断一项申请专利的实用新型是否符合创造性的标准,相对于发明专利来讲,要求要低一些,只要该实用新型有实质性特点和进步即可,不要求"突出"和"显著"。

3. 关于实用性要求

一项发明或者实用新型如果想被授予专利权,不能是抽象的、纯理论的,还必须能实际应用,即具有实用性,本条第4款对实用性的含义作了规定。

(1)能够制造或者使用。发明或者实用新型作为一种技术方案应当可以重复实现,即所属技术领域的技术人员,根据公开的技术内容,能够重复实施专利申请中为达到其目的所采用的技术方案。如果是一种产品,应当可以重复制造出来;如果是一种方法,则应当可以反复使用。

(2)能够产生积极的效果。发明或者实用新型同现有技术相比,其所产生的经济、技术和社会效果应当是积极的和有益的。

第二十三条 【外观设计的授权条件】授予专利权的外观设计,应当不属于现有设计;也没有任何单位或者个人就同样的外观设计在申请日以前向国务院专利行政部门提出过申请,并记载在申请日以后公告的专利文件中。

授予专利权的外观设计与现有设计或者现有设计特征的组合相比,应当具有明显区别。

授予专利权的外观设计不得与他人在申请日以前已经取得的合法权利相冲突。

本法所称现有设计,是指申请日以前在国内外为公众所知的设计。

条文注释

本条是关于授予专利权的外观设计应当具备的条件的规定。

1. 关于新颖性要求

根据本条第1款规定，授予专利权的外观设计应当具有新颖性，在新颖性方面，与发明和实用新型的标准是一样的，也采用绝对新颖性标准。

2. 关于创造性要求

本条第2款规定，授予专利权的外观设计与现有设计或者现有设计特征的组合相比，应当具有明显区别。这一规定，实际上是要求外观设计专利应当具有创造性。

（1）外观设计是否具有创造性的对比对象包括：一是现有设计。即授予专利权的整体或者局部外观设计和现有设计进行对比，应当具有明显区别。二是现有设计特征的组合。强调授予专利权的外观设计与现有设计特征的组合相比应当具有明显区别，主要是为了解决实践中拼凑外观设计的问题。

（2）外观设计是否具有创造性的判断标准，是与现有设计或者现有设计特征的组合相比具有明显区别。"明显区别"，是指不相同或者不相近似，不会引起社会公众的误认、混淆。

（3）外观设计是否具有创造性的判断主体，应当是普通社会公众，而非专业设计人员。

3. 关于不得与在先权利相冲突

本条第3款规定，授予专利权的外观设计不得与他人在申请日以前已经取得的合法权利相冲突。这里所说的"他人在申请日以前已经取得的合法权利"主要是指商标权、著作权（主要是指美术作品）、肖像权等。

第二十四条 【不丧失新颖性的情形】 申请专利的发明创造在申请日以前六个月内,有下列情形之一的,不丧失新颖性:

(一)在国家出现紧急状态或者非常情况时,为公共利益目的首次公开的;

(二)在中国政府主办或者承认的国际展览会上首次展出的;

(三)在规定的学术会议或者技术会议上首次发表的;

(四)他人未经申请人同意而泄露其内容的。

条文注释

本条是关于发明创造的公开不丧失新颖性的情形的规定。

1. 专利丧失新颖性原则的例外

按照本法第22条关于发明和实用新型新颖性的规定、第23条关于外观设计新颖性的规定,申请专利的发明创造如在申请日(有优先权的指优先权日)以前在国内外为公众所知,便构成现有技术或者现有设计,失去新颖性,不能授予专利权,这是专利制度的一项基本原则。但这一基本原则并非绝对,也有例外。考虑到实践中,一些发明创造可能出于某些正当理由或者实际需要而在申请日前公开,如果一律认定所有公开了的发明创造都丧失新颖性,不仅对专利申请人来说不公平,而且不利于专利制度的施行。

本条是对不丧失新颖性的公开的特殊规定。不丧失新颖性的公开的时间界限,本条规定为在申请日以前6个月内。这一期限又称宽限期,即在申请日以前6个月内,发生本法规定的情形,该申请不丧失新颖性。如果超过这个期限再提出专利申请,就不再具有新颖性,不应授予其专利权。

2. 不丧失新颖性的 4 种情形

(1) 在国家出现紧急状态或者非常情况时,为公共利益目的首次公开的。主要是考虑到在国家出现紧急状态或者非常情况时(如发生重大疫情),一些发明创造需要立即在实践中投入使用,以维护公共利益,有的可能还没有提出专利申请。对于这些发明创造,如以在申请日前公开为理由否定其新颖性,使其不能获得专利权保护,既不公平,也不符合整体公共利益的目的。

(2) 在中国政府主办或者承认的国际展览会上首次展出的。中国政府承认的国际展览会,是指国际展览会公约规定的在国际展览局注册或者由其认可的国际展览会。其主要包括两层含义:一是必须是中国政府主办或者承认的国际展览会。二是必须是国际展览会,即展出的展品除了有举办国的产品之外,还应当有来自其他国家的展品。在既不是中国政府主办,也没有被中国政府承认的国际展览会上展出的发明创造,就不再具有新颖性。

(3) 在规定的学术会议或者技术会议上首次发表的。"学术会议或者技术会议"是有一定限制的,必须是"规定的",即具有一定的规模和规格。根据《专利法实施细则》第 33 条第 2 款的规定,其是指国务院有关主管部门或者全国性学术团体组织召开的学术会议或者技术会议,以及国务院有关主管部门认可的由国际组织召开的学术会议或者技术会议。

(4) 他人未经申请人同意而泄露其内容的。他人未经申请人同意泄露其发明创造的内容的方式包括:他人未履行明示的或者默示的保密义务而将申请人的发明创造的内容公开;他人用威胁、欺诈、盗窃、间谍活动等不正当手段直接或间接地从申请人那里或者任何其他人那里得知发明创造的内容而后公开。这两种情况的公开都是违背申请人意愿的,是非法的公开,不会导致被公开的发明创造丧失新颖性。

关联法规

《专利法实施细则》第 33 条

> **第二十五条 【不授予专利权的事项】**对下列各项,不授予专利权:
> (一)科学发现;
> (二)智力活动的规则和方法;
> (三)疾病的诊断和治疗方法;
> (四)动物和植物品种;
> (五)原子核变换方法以及用原子核变换方法获得的物质;
> (六)对平面印刷品的图案、色彩或者二者的结合作出的主要起标识作用的设计。
> 对前款第(四)项所列产品的生产方法,可以依照本法规定授予专利权。

条文注释

本条是关于不授予专利权的智力活动成果的规定。

1. 不授予专利权的智力活动成果

按照本条第 1 款的规定,下列几类智力活动的成果,不属于专利保护的范围,不授予专利权:

(1)科学发现。其是指对自然界中已经客观存在的未知物质、现象、变化过程及其特性和规律的发现和认识。

(2)智力活动的规则和方法。其是指人的思维运动,是一种抽象的东西,是人的大脑进行精神和智能活动的手段或过程。比如,交通行车规则的编排方法、情报检索的方法、速算法或口诀、各种游戏的规则和方法、比赛规则等,这些都不能获得专利权。

(3)疾病的诊断和治疗方法。其是指以有生命的人体或者动物作为直接实施对象,目的是治疗疾病,由于涉及人体健康,因而不能为少数人所独占。疾病的诊断方法,是指为识别、研究和确定有生命的人体或动物病因或病灶状态的全过程。疾病的治疗方法,是指为了使有生命的人体或动物恢复或者获得健康,进行阻断、缓解或消除病因或病灶的过程。例如,超声、核磁诊断法,针灸、麻醉、按摩等治疗方法,外科手术方法等。

(4)动物和植物品种。其是指以生物学方法培育出来的动植物新品种。动物和植物是有生命的物体,是自然生成的,是大自然的产物,不是人类创造出来的,不能以工业方法生产出来,因而不具备专利法意义上的新颖性、创造性和实用性,故不能授予专利权。

(5)原子核变换方法以及用原子核变换方法获得的物质。原子核变换方法,是指一个或几个原子核经分裂或聚合形成几个或一个新原子核的过程。

(6)对平面印刷品的图案、色彩或者二者的结合作出的主要起标识作用的设计。外观设计专利权的保护对象,应当集中在对产品本身的改进。对平面印刷品的图案、色彩或者二者的结合作出的主要起标识作用的外观设计,如瓶贴、平面包装袋等,其功能在于将特定产品从同类产品中区分出来,对产品本身的外观设计并无改进。这一类外观设计可以通过商标、著作权等法律制度加以保护。

2.关于动物和植物品种的生产方法的特殊规定

本法虽然明确排除对动物和植物品种本身授予专利权,但对其生产方法给予专利保护。根据本条第2款规定,对于动物和植物品种的生产方法,可以依照本法规定授予专利权。"生产方法",是指非生物学的方法,不包括主要通过生物学的方法生产动物和植物。

第三章 专利的申请

第二十六条 【发明或者实用新型专利的申请文件】申请发明或者实用新型专利的,应当提交请求书、说明书及其摘要和权利要求书等文件。

请求书应当写明发明或者实用新型的名称,发明人的姓名,申请人姓名或者名称、地址,以及其他事项。

说明书应当对发明或者实用新型作出清楚、完整的说明,以所属技术领域的技术人员能够实现为准;必要的时候,应当有附图。摘要应当简要说明发明或者实用新型的技术要点。

权利要求书应当以说明书为依据,清楚、简要地限定要求专利保护的范围。

依赖遗传资源完成的发明创造,申请人应当在专利申请文件中说明该遗传资源的直接来源和原始来源;申请人无法说明原始来源的,应当陈述理由。

条文注释

本条是关于对申请发明或者实用新型专利应当提交的基本文件及其内容要求的规定。

按照本条第1款的规定,申请发明或者实用新型专利的,应当提交规定的专利申请文件。作为发明创造的申请人依法必须提交的专利申请文件包括请求书、说明书及其摘要和权利要求书等,以及按照国务院专利行政部门规定应当提交的其他有关文件。如委托专利代理机构向国务院专利行政部门申请专利和办理其他专利事务的,应当同时提交委托书,写明委托权限;要求享受优先权的,应当提交优先权的有关证明文件;要求申请费用减缓的,应当提交费用减缓请求书;等等。

为了有效地保护遗传资源,本法第5条第2款对依赖于违法获取或者利用遗产资源完成的发明创造不授予专利权作出了规定。本条相应地对这类发明创造的专利申请人的说明义务作出了规定,即依赖遗传资源完成的发明创造,申请人应当在专利申请文件中说明该遗传资源的直接来源和原始来源;申请人无法说明原始来源的,应当陈述理由。遗传资源的直接来源,是指获取遗传资源的直接渠道,即直接提供该遗传资源的国家、地区及提供者。遗传资源的原始来源,是指遗传资源所属的生物体在原生环境中的原产地。

关联法规

《专利法实施细则》第17、19~26条;《专利申请号标准》

第二十七条 【外观设计专利的申请文件】申请外观设计专利的,应当提交请求书、该外观设计的图片或者照片以及对该外观设计的简要说明等文件。

申请人提交的有关图片或者照片应当清楚地显示要求专利保护的产品的外观设计。

条文注释

本条是关于申请外观设计专利应当提交的专利文件的规定。

申请外观设计专利的,应当提交请求书、该外观设计的图片或者照片以及对该外观设计的简要说明等文件。由于专利保护的对象不同,本法规定申请外观设计专利所提交的文件与申请发明和实用新型专利所提交的文件有所不同。申请外观设计专利的,除了应当提交请求书、该外观设计的图片或者照片以及对该外观设计的简要说明等文件外,外观设计专利申请的图片或者照片还必须具备一定的实质性条件,即"应当清楚地显示要求专利保护的产品的外观设计"。

关联法规

《专利法实施细则》第 30~32 条

第二十八条　【申请日确定】国务院专利行政部门收到专利申请文件之日为申请日。如果申请文件是邮寄的,以寄出的邮戳日为申请日。

条文注释

本条是关于专利申请日的规定。

申请日,即向国务院专利行政部门提出专利申请的日期,是指国务院专利行政部门收到符合法律规定的专利申请文件的日期。

依照本条规定,国务院专利行政部门收到专利申请文件之日为申请日。国务院专利行政部门收到专利申请文件,是指收到符合法律规定要求的文件,如果收到的法定申请文件不齐全,不能确定为申请日。如果申请文件是邮寄的,以寄出的邮戳日为申请日。寄出的邮戳日,是指申请人发出申请文件当地的邮戳日。如果信封上寄出的邮戳日不清晰,除申请人能够提出证明的以外,以国务院专利行政部门收到日为申请日。

关联法规

《专利法实施细则》第 4 条

第二十九条　【优先权】申请人自发明或者实用新型在外国第一次提出专利申请之日起十二个月内,或者自外观设计在外国第一次提出专利申请之日起六个月内,又在中国就相同主题提出专利申请的,依照该外国同中国签订的协议或者共同参加的国际条约,或者依照相互承认优先权的原则,可以享有优先权。

申请人自发明或者实用新型在中国第一次提出专利申请

之日起十二个月内,或者自外观设计在中国第一次提出专利申请之日起六个月内,又向国务院专利行政部门就相同主题提出专利申请的,可以享有优先权。

条文注释

本条是关于优先权的规定。

专利优先权制度,是专利申请程序中的一项重要制度,是指专利申请人就其发明创造第一次提出专利申请后,在一定期限内,就相同主题的发明创造再次提出专利申请时,允许其将第一次的申请日作为在后专利申请的申请日,以该申请日作为判断该发明创造是否具有新颖性、创造性的界限。根据第一次专利申请是在国外还是在本国提出,优先权可分为外国优先权和本国优先权。外国优先权,是指申请人在甲国提出正式的专利申请后,根据甲国同乙国签订的协议或者共同参加的国际条约,或者依照相互承认优先权的原则,在特定的期限内又就同一发明向乙国提出专利申请时,有权将在甲国第一次提出专利申请的日期作为后来在乙国提出专利申请的申请日。本国优先权,是指申请人在一国提出正式的专利申请后,在特定的期限内又就相同主题在该国提出专利申请的,申请人有权将第一次提出申请的日期作为后一次申请的申请日。

关联法规

《专利法实施细则》第36、38条

第三十条 【优先权的要求】申请人要求发明、实用新型专利优先权的,应当在申请的时候提出书面声明,并且在第一次提出申请之日起十六个月内,提交第一次提出的专利申请文件的副本。

申请人要求外观设计专利优先权的,应当在申请的时候提

> 出书面声明,并且在三个月内提交第一次提出的专利申请文件的副本。
>
> 申请人未提出书面声明或者逾期未提交专利申请文件副本的,视为未要求优先权。

条文注释

本条是关于申请人取得优先权的手续的规定。

1. 申请人要求发明、实用新型专利优先权的手续

本条第1款要求:(1)申请人应当在申请的时候提出书面声明。在我国提出的发明、实用新型专利申请要求优先权的,无论是外国优先权还是本国优先权,均要求申请人提出书面申明,在书面声明中应当写明第一次提出的专利申请的申请日、申请号和原受理机构名称。(2)申请人应当在第一次提出申请之日起16个月内提交第一次提出的专利申请文件的副本,包括第一次提出专利申请时提交的专利申请请求书、说明书、权利要求书等依法应当提交的申请文件的副本。如果要求外国优先权,申请人提交的第一次专利申请文件的副本,应当经该国原受理机构证明。依照国务院专利行政部门与该受理机构签订的协议,国务院专利行政部门通过电子交换等途径获得在先申请文件副本的,视为申请人提交了经该受理机构证明的在先申请文件副本。如果要求本国优先权,申请人在请求书中写明在先申请的申请日和申请号的,视为提交了在先申请文件副本。

2. 申请人要求外观设计专利优先权的手续

本条第2款要求:(1)申请人应当在申请的时候提出书面声明。在书面声明中应当写明第一次提出的外观设计专利申请的申请日、申请号和受理该申请的国家。(2)申请人应当在提出申请(后申请)之日起3个月内提交第一次提出的专利申请文件的副本,包括第一次提出外观设计专利申请时提交的专利申请请求书、说明书、权利要求书以及外观设计的图片或者照片

等依法应当提交的申请文件的副本。

3. 申请人未办理有关手续的后果

根据本条第3款的规定,如果申请人要求优先权而没有提出书面声明,或者逾期未提交专利申请文件副本,则视为没有要求优先权。

关联法规

《专利法实施细则》第34、35条

> **第三十一条　【单一性原则和合并申请】**一件发明或者实用新型专利申请应当限于一项发明或者实用新型。属于一个总的发明构思的两项以上的发明或者实用新型,可以作为一件申请提出。
>
> 一件外观设计专利申请应当限于一项外观设计。同一产品两项以上的相似外观设计,或者用于同一类别并且成套出售或者使用的产品的两项以上外观设计,可以作为一件申请提出。

条文注释

本条是关于专利申请的单一性原则和合并申请的规定。

一项专利申请只限于一项发明创造,即通常所说的专利申请的单一性原则。按照专利申请的单一性原则,一件专利申请只限于一件发明创造。但专利申请的单一性原则并不是绝对的,在特定情况下也可以有例外。

1. 发明或者实用新型专利申请的单一性及其例外

本条第1款要求:(1)一件发明或者实用新型的专利申请中只能包含一项发明或者实用新型,仅限于一个独立的权利要求。如果权利要求书中只有一个独立的权利要求,或者在一个独立的权利要求之下有若干个从属权利要求,也是符合单一性的原则。(2)对于发明和实用新型来讲,属于一个总的发明构思的两项以上的发明或者实用新型,可以作为一件申请提出,称为合并申请。按照《专利法实施细则》第 39 条的规定,可以作为一件专利申请提出的属于一个总的发明构思的两项以上的发明或者实用新型,应当在技术上相互关联,包含一个或者多个相同或者相应的特定技术特征。特定技术特征,是指每一项发明或者实用新型作为整体,对现有技术作出贡献的技术特征。

2. 外观设计专利申请的单一性及其例外

本条第 2 款规定了可以将两项以上外观设计作为一项专利申请案提出的情形:(1)对同一产品而言,两项以上的外观设计必须是相似外观设计,或称为"关联外观设计"。如一个以青花瓷图案为主体设计的旗袍,其领口或袖口的花纹可能有若干细微差别,可以依法合并提出申请。(2)对同一类别产品而言,则必须是成套出售或者成套使用的。如成套的茶具,就可以依法提出合并申请。

关联法规

《专利法实施细则》第 39、40 条

第三十二条 【撤回专利申请】申请人可以在被授予专利权之前随时撤回其专利申请。

条文注释

本条是关于申请人在被授予专利权之前可以撤回专利申请的规定。

1. 申请人主动撤回专利申请

依法提出专利申请,是申请人的民事权利。申请人对这一权利有权自行处分。申请人在申请专利以后,可能会出于各种考虑而撤回专利申请。撤回专利申请的时间,可以是被授予专利权之前的任何时间。申请人撤回专利申请后,可以就该发明创造重新提出专利申请。

按照有关规定,申请人撤回专利申请的,应当向国务院专利行政部门提出声明,写明发明创造的名称、申请号和申请日。撤回专利申请的声明在国务院专利行政部门做好公布专利申请文件的印刷准备工作后提出的,申请文件仍予公布;但是,撤回专利申请的声明应当在以后出版的专利公报上予以公告。撤回专利申请时,对于已经缴纳的申请费和其他费用,国务院专利行政部门不予退还。

2.视为申请人撤回专利申请的情况

本法其他条款还规定了一些视为申请人撤回专利申请的情形。如本法第35条中规定,发明专利的申请人无正当理由逾期不请求实质审查的,该申请即被视为撤回;第36条中规定,发明专利已经在外国提出过申请的,发明专利申请人无正当理由逾期不提交该国为审查其申请进行检索的资料或者审查结果的资料的,该申请即被视为撤回。这些规定,都是为了督促申请人及时履行义务。

关联法规

《专利法实施细则》第41条

第三十三条 【专利申请文件的修改】申请人可以对其专利申请文件进行修改,但是,对发明和实用新型专利申请文件的修改不得超出原说明书和权利要求书记载的范围,对外观设计专利申请文件的修改不得超出原图片或者照片表示的范围。

条文注释

本条是关于申请人对专利申请文件的修改权的规定。

1.修改专利申请文件的权利

申请人可以对其专利申请文件进行修改,这是法律赋予专利申请人的权利。专利申请人在申请专利之后,被授予专利权之前,可能因为多种原因,需要对其专利申请文件进行修改。本条规定的申请人对专利申请文件的修改,与本法第37条所规定的申请人应国务院专利行政部门的要求对其专利申请的修改是不同的,这里是申请人主动提出的修改。

按照有关规定,发明专利申请人在提出实质审查请求时以及在收到国务院专利行政部门发出的发明专利申请进入实质审查阶段通知书之日起的 3 个月内,可以对发明专利申请文件主动提出修改。实用新型或者外观设计专利申请人自申请日起 2 个月内,可以对实用新型或者外观设计专利申请文件主动提出修改。

2. 专利申请文件的修改范围

关于申请人对专利申请文件的修改范围。无论申请人是主动还是应国务院专利行政部门的要求对其专利申请进行修改,都必须遵循本条规定的原则,即对发明和实用新型专利申请文件的修改不得超出原说明书和权利要求书记载的范围;对外观设计专利申请文件的修改不得超出原图片或者照片表示的范围。

第四章　专利申请的审查和批准

第三十四条　【发明专利申请的初步审查和公布】国务院专利行政部门收到发明专利申请后,经初步审查认为符合本法要求的,自申请日起满十八个月,即行公布。国务院专利行政部门可以根据申请人的请求早日公布其申请。

条文注释

本条是关于发明专利申请的初步审查和对申请予以公布的规定。

本法对发明专利申请的审查采取的是"早期公开,延迟审查"的制度,即国务院专利行政部门在收到发明专利申请后,先进行初步审查,对符合要求者,自申请日起一段时间内予以公布,并在一定期限以后,应申请人的请求或自行对申请进行实质审查,并对符合法定条件的申请授予专利权。

根据本条规定,国务院专利行政部门在收到发明专利申请以后,首先要对其进行初步审查。初步审查,是指审查专利申请是否具备本法第 26 条或者第 27 条规定的文件和其他必要的文件,这些文件是否符合规定的格式,并审查下列各项:

(1)发明专利申请是否明显属于本法第 5 条、第 25 条规定的情形,是否不符合本法第 17 条、第 18 条第 1 款、第 19 条第 1 款或者《专利法实施细则》第 11 条、第 19 条、第 29 条第 2 款的规定,是否明显不符合本法第 2 条第 2 款、第 26 条第 5 款、第 31 条第 1 款、第 33 条或者《专利法实施细则》第 20 条至第 24 条的规定。

(2)实用新型专利申请是否明显属于本法第 5 条、第 25 条规定的情形,是否不符合本法第 17 条、第 18 条第 1 款、第 19 条第 1 款或者《专利法实施细则》第 11 条、第 19 条至第 22 条、第 24 条至第 26 条的规定,是否明显不符合本法第 2 条第 3 款、第 22 条、第 26 条第 3 款、第 26 条第 4 款、第 31 条第 1 款、第 33 条或者《专利法实施细则》第 23 条、第 49 条第 1 款的规定,是否依照本法第 9 条规定不能取得专利权。

(3)外观设计专利申请是否明显属于本法第 5 条、第 25 条第 1 款第 6 项规定的情形,是否不符合本法第 17 条、第 18 条第 1 款或者《专利法实施细则》第 11 条、第 19 条、第 30 条、第 31 条的规定,是否明显不符合本法第 2 条第 4 款、第 23 条第 1 款、第 23 条第 2 款、第 27 条第 2 款、第 31 条第 2 款、第 33 条或者《专利法实施细则》第 49 条第 1 款的规定,是否依照本法第 9 条规定不能取得专利权。

(4)申请文件是否符合《专利法实施细则》第 2 条、第 3 条第 1 款的规定。

国务院专利行政部门应当将审查意见通知申请人,要求其在指定期限内陈述意见或者补正;申请人期满未答复的,其申请视为撤回。申请人陈述意见或者补正后,国务院专利行政部门仍然认为不符合前述所列各项规定的,应当予以驳回。这些审查虽然涉及发明专利申请的内容,但不是对该申请是否符合新颖性、创造性、实用性的专利实质要件进行审查,只是审查其是否有明显违反法律规定的情形。

申请人请求早日公布其发明专利申请的,应当向国务院专利行政部门声明。国务院专利行政部门对该申请进行初步审查后,除予以驳回的外,应当立即将申请予以公布。

关联法规

《集成电路布图设计保护条例》第 18~21 条;《专利法实施细则》第 43、50、52 条

第三十五条 【发明专利申请实质审查程序的启动】发明专利申请自申请日起三年内,国务院专利行政部门可以根据申请人随时提出的请求,对其申请进行实质审查;申请人无正当理由逾期不请求实质审查的,该申请即被视为撤回。

国务院专利行政部门认为必要的时候,可以自行对发明专利申请进行实质审查。

条文注释

本条是关于启动发明专利申请实质审查程序的规定。

对于发明专利申请,我国实行的是实质审查制,即对发明专利申请不仅要对形式上是否符合法律规定进行审查,还要对其实质上是否符合授权标准,即是否具有新颖性、创造性、实用性进行审查。

依照本条第 1 款的规定,我国对发明专利申请的实质审查实行请求审查制,即由申请人在法定期间内提出审查请求的方式予以启动,专利行政部门一般不主动对发明专利申请进行实

质审查。发明专利申请人以外的其他人也无权要求对他人的发明专利申请进行实质审查。发明专利申请人提出进行实质审查请求的期间，为自提出专利申请之日起3年以内，在此期间，申请人可以随时向国务院专利行政部门请求进行实质审查。如果自申请日起满3年，申请人未提出进行实质审查的请求，该申请即被视为自动撤回。

依照本条第2款的规定，如果国务院专利行政部门认为必要，也可主动对一项发明专利申请进行实质审查。国务院专利行政部门如果认为某项申请专利的发明对国家利益、社会利益确实有重大影响，可以不必经专利申请人提出请求，自行对发明专利申请进行实质审查。但是，应当通知申请人。申请人可以对专利申请提出延迟审查请求。但是，实践中很少出现这种情况。

关联法规

《专利法实施细则》第56~58条

第三十六条　【发明专利申请实质审查有关资料的提交】 发明专利的申请人请求实质审查的时候，应当提交在申请日前与其发明有关的参考资料。

发明专利已经在外国提出过申请的，国务院专利行政部门可以要求申请人在指定期限内提交该国为审查其申请进行检索的资料或者审查结果的资料；无正当理由逾期不提交的，该申请即被视为撤回。

条文注释

本条是关于发明专利申请人请求实质审查时应提交的文件资料的规定。

发明专利申请人在请求国务院专利行政部门对其申请进行实质审查时，应当提交在申请日前与其发明有关的参考资料。这些参考资料，主要是指发明人在完成发明的过程中，为了解决技术上的问题所参考过的现有技术资料,如专利文献、科技书籍、科技期刊等。发明专利申请人因有正当理由无法提交本条规定的检索资料或者审查结果资料的,应当向国务院专利行政部门声明,并在得到有关资料后补交。

发明专利已经在外国提出过申请的,国务院专利行政部门还可以要求申请人在指定期限内提交该国为审查其申请进行检索的资料或者审查结果的资料。检索资料,主要是指有关国家对发明专利申请进行检索所作出的检索报告。审查结果资料,主要是指有关国家对相关申请进行审查得出的结论性意见,如外国专利局作出的授予专利权的决定、驳回专利申请的决定等。

发明专利申请人无正当理由逾期不提交上述资料的,该申请即被视为撤回。正当理由,通常是指在国务院专利行政部门指定期限内,有关国家对该申请尚未作出检索报告或者其他结论性意见等。发明专利申请人有正当理由无法提交上述资料的,应当向国务院专利行政部门声明,并在得到有关资料后补交。

关联法规

《专利法实施细则》第 55 条

第三十七条 【发明专利申请的实质审查】国务院专利行政部门对发明专利申请进行实质审查后,认为不符合本法规定的,应当通知申请人,要求其在指定的期限内陈述意见,或者对其申请进行修改;无正当理由逾期不答复的,该申请即被视为撤回。

条文注释

本条是关于国务院专利行政部门对经实质审查认为不符合本法规定的发明专利申请应如何处理的规定。

国务院专利行政部门对发明专利申请的实质审查,是指对申请专利的发明是否具备法律所规定的新颖性、实用性和创造性等可授予专利的实质要件进行审查。

国务院专利行政部门对发明专利申请进行实质审查以后,认为不符合本法规定的授予专利的条件的,应当通知申请人,要求其在指定的期限内陈述意见,或者对其申请进行修改。

申请人在收到通知以后,如果认为其申请符合法律要求,应在指定的期限内,按照国务院专利行政部门的要求,向其提交意见陈述书,充分说明和论证其申请符合法律规定的取得专利的条件;如果认为其申请需要修改,应在指定的期限内,按照通知的要求修改其申请文件,同时说明修改的原因和法律依据。如果国务院专利行政部门不同意申请人的修改,可以再次通知申请人,要求申请人再次修改其申请。原则上这一过程可以多次进行,直至国务院专利行政部门授予专利权或者驳回该申请为止。但是这个过程应有一个合理的平衡,既能为申请人提供尽可能多的修改其申请文件的机会,同时也要考虑到国务院专利行政部门的审查工作效率。

申请人逾期无正当理由不予答复的,该申请即被视为撤回。关于答复期限的长短,本法、《专利法实施细则》中有明确规定的,从其规定;没有明确规定的,由国务院专利行政部门综合考虑各种因素后予以指定。如果申请人因不可抗拒的事由或者其他正当理由而未能按期答复,可以向国务院专利行政部门说明其不能按期答复的正当理由,请求延长答复期限。

第三十八条 【发明专利申请经实质审查后的驳回】发明专利申请经申请人陈述意见或者进行修改后,国务院专利行政部门仍然认为不符合本法规定的,应当予以驳回。

条文注释

本条是关于驳回发明专利申请的规定。

在实质审查过程中,申请人有陈述意见和对其申请进行修改的机会,这样的机会可能有多次,但不应无限制地持续,在一定条件下,实质审查程序应当终止。

国务院专利行政部门在发明专利申请人陈述意见或者进行修改以后,仍然认为申请人申请专利的发明不符合本法规定授予专利条件的,应当予以驳回。发明专利申请经实质审查应当予以驳回的情形是指:(1)申请属于本法第5条、第25条规定的情形,或者依照本法第9条规定不能取得专利权的;(2)申请不符合本法第2条第2款、第19条第1款、第22条、第26条第3款、第26条第4款、第26条第5款、第31条第1款或者《专利法实施细则》第11条、第23条第2款规定的;(3)申请的修改不符合本法第33条规定,或者分案的申请不符合《专利法实施细则》第49条第1款的规定的。

国务院专利行政部门在作出驳回申请的决定时,应当列明相关事实、理由和法律依据。发明专利申请人对驳回申请的决定不服的,可以依照本法第41条的规定,自收到通知之日起3个月内,向国务院专利行政部门请求复审。

关联法规

《专利法实施细则》第59条

第三十九条 【发明专利权的授予】发明专利申请经实质审查没有发现驳回理由的,由国务院专利行政部门作出授予发明专利权的决定,发给发明专利证书,同时予以登记和公告。发明专利权自公告之日起生效。

条文注释

本条是关于授予发明专利权的规定。

国务院专利行政部门对发明专利申请进行实质审查以后,如果没有发现依法应当驳回申请的情形,应当向申请人发出授予专利权的通知,提示发明专利申请人办理专利权登记和领取专利证书的手续。申请人应当自收到通知之日起2个月内办理登记手续。申请人按期办理登记手续的,国务院专利行政部门应当授予专利权,颁发专利证书,并予以公告。期满未办理登记手续的,视为放弃取得专利权的权利。需要指出的是,虽然从条文规定上看,授权过程主要是由国务院专利行政部门作出一系列行为,如作出决定、登记、公告以及发给发明专利证书,但实质上授权过程能否顺利进行还需要申请人的参与和配合。

国务院专利行政部门作出授予发明专利权的决定,向被授予专利权的人发给发明专利证书,同时予以登记和公告。发明专利权自公告之日起生效。

还应说明的是,本条规定授予专利权的前提是国务院专利行政部门经过实质审查没有发现应当予以驳回的理由。这并不一定意味着,该发明实际上是完全符合法律规定的授予专利权的条件的,也可能存在某些不符合法律规定的情形,但国务院专利行政部门还没有发现。自国务院专利行政部门公告授予专利权之日起,任何单位或者个人认为该专利权的授予不符合法律有关规定,都可以根据本法规定请求国务院专利行政部门宣告该专利权无效。

关联法规

《专利法实施细则》第60、61条

第四十条 【实用新型、外观设计专利权的授予】实用新型和外观设计专利申请经初步审查没有发现驳回理由的,由国务院专利行政部门作出授予实用新型专利权或者外观设计专利权的决定,发给相应的专利证书,同时予以登记和公告。实用新型专利权和外观设计专利权自公告之日起生效。

条文注释

本条是关于对实用新型和外观设计专利申请审查和授权的规定。

我国对实用新型和外观设计专利申请采取的是形式审查制度,也称登记制度,即只要国务院专利行政部门经过初步审查,认为该申请手续完备且符合法律规定的形式,就授予专利权。采取形式审查制度,主要是因为实用新型和外观设计的内容较为简单,只作形式审查可以加快审批速度,使这些实用技术尽快为社会所利用,充分发挥专利制度的作用。对于不符合本法规定的取得专利权的实质条件而取得了专利权的实用新型和外观设计,可以通过以后的无效申请和宣告程序宣告其无效。

国务院专利行政部门对实用新型和外观设计专利申请进行初步审查以后,如果没有发现依法应当驳回申请的理由,国务院专利行政部门应当依照规定向申请人发出授予专利权的通知,申请人按照规定办理专利权登记和领取专利证书的手续,国务院专利行政部门作出授予实用新型或者外观设计专利权的决定,向被授予专利权的人发给相应的专利证书,同时予以登记和公告。实用新型和外观设计专利权自公告之日起生效。

第四十一条 【专利申请的复审】 专利申请人对国务院专利行政部门驳回申请的决定不服的,可以自收到通知之日起三个月内向国务院专利行政部门请求复审。国务院专利行政部门复审后,作出决定,并通知专利申请人。

专利申请人对国务院专利行政部门的复审决定不服的,可以自收到通知之日起三个月内向人民法院起诉。

条文注释

本条是关于对专利申请的复审以及对专利申请人的司法救济的规定。

根据本条第 1 款的规定,专利申请人对国务院专利行政部门驳回申请的决定不服的,可以自收到通知之日起 3 个月内,向国务院专利行政部门请求复审。复审,是指国务院专利行政部门根据专利申请被驳回的申请人提出的复审请求,对驳回专利申请的决定是否正确、合法,依法进行的审查。应当注意的是,只有针对国务院专利行政部门作出的驳回专利申请的决定,申请人才能够提出复审请求。对于在初步审查和实质审查过程中,国务院专利行政部门作出的各种对申请人不利的决定或者处理结果,如根据本法第35条的规定,申请人在自申请日起3年内未请求实质审查的,其专利申请即被视为撤回;根据本法第37条的规定,国务院专利行政部门在实质审查过程中要求申请人在指定期限内陈述意见或者对其申请进行修改,申请人无正当理由逾期不答复的,其申请即被视为撤回;等等。这些对申请人不利的处理结果,并不是驳回专利申请的决定,故不能请求复审。

具体来说,按照有关规定,专利申请人请求复审的,应当提出书面复审请求,说明理由并附具有关证明文件。国务院专利行政部门收到复审请求书后,先要进行形式审查,主要是对请求人的资格、请求期限、请求书的格式等进行审查。完成形式审查后,再进行复审。申请人在请求复审时,可以修改被驳回的专利申请,但是修改应当仅限于驳回申请的决定所涉及的部分。

国务院专利行政部门经过审查作出复审决定,复审决定一般有以下几种情况:(1)复审理由不成立,维持原驳回决定;(2)复审理由成立,撤销原驳回决定;(3)专利申请文件经专利申请人修改,克服了原驳回申请决定所指出的缺陷,在新的文本基础上撤销原驳回申请的决定。复审决定应当以书面方式通知专利申请人。

根据本条第2款的规定,专利申请人对国务院专利行政部门的复审决定不服的,可以自收到通知之日起3个月内向人民法院起诉。这是法律为专利申请人提供的司法救济途径。按照本款规定,各类专利申请,既包括发明专利申请,也包括实用新型和外观设计的专利申请,申请人如对复审决定不服,都可以向人民法院提起诉讼。

关联法规

《专利法实施细则》第65~68条

第五章 专利权的期限、终止和无效

> 第四十二条 【专利权的期限和补偿】发明专利权的期限为二十年,实用新型专利权的期限为十年,外观设计专利权的期限为十五年,均自申请日起计算。
>
> 自发明专利申请日起满四年,且自实质审查请求之日起满三年后授予发明专利权的,国务院专利行政部门应专利权人的请求,就发明专利在授权过程中的不合理延迟给予专利权期限补偿,但由申请人引起的不合理延迟除外。
>
> 为补偿新药上市审评审批占用的时间,对在中国获得上市许可的新药相关发明专利,国务院专利行政部门应专利权人的请求给予专利权期限补偿。补偿期限不超过五年,新药批准上市后总有效专利权期限不超过十四年。

条文注释

本条是关于各类发明创造专利权的期限,以及发明专利权期限补偿、药品发明专利权期限补偿的规定。

依照本条第1款的规定,专利权的期限自申请之日起计算,即自专利申请人向中国专利行政部门实际提交专利申请之日起计算。此外,本款规定仅仅是明确了专利权期限的计算起点和终点,并不等同于专利自提交申请之日起就实际获得法律对专利权完整意义上的保护。根据本法第39、40条的规定,专利权自国务院专利行政部门发给专利证书,同时予以公告之日起生效。故无论是发明还是实用新型抑或外观设计,考虑到从提出申请到获得专利权都需要经过一定时间的审查,发明专利权人实际所能获得法律保护的期间一般都少于法定期限。

根据本条第2款的规定,对发明专利权期限予以补偿的条件为:(1)该发明专利必须是自申请日起满4年,并且自实质审查请求之日起满3年后,才被授予发明专利权的(以较晚日期为准)。(2)必须由发明专利的专利权人向国务院专利行政部门提出补偿专利权期限的请求,即专利权期限补偿程序以专利权人主动申请为原则。(3)仅就发明专利在授权过程中,因申请人以外的原因造成的不合理延迟给予期限补偿。其中需要把握两点:一是该延迟是因为申请人以外的原因,对于因申请人的原因造成的延迟,不给予专利权期限补偿;二是该延迟属于"不合理"的延迟,即没有正当理由,具体情形可根据实际情况予以判断。

本条第3款对药品专利权期限补偿作了规定。新药相关发明专利是指符合规定的新药产品专利、制备方法专利、医药用途专利。药品专利保护期补偿,是指为补偿因新药上市审批周期过长导致的专利保护期"损失",而相应补偿其核心专利保护期的制度。

关联法规

《专利法实施细则》第77~84条

第四十三条 【专利年费】专利权人应当自被授予专利权的当年开始缴纳年费。

条文注释

本条是关于专利权人应依法按期缴纳年费的规定。

年费,又称专利维持费,这是专利权人的一项义务。年费的数额与发明创造本身的经济效益大小无关,而与专利种类有关,也与缴纳年费的年度有关。按照有关规定,在三种专利中,发明专利的年费较高,实用新型和外观设计专利的年费较低。

根据本条规定,专利权人应当自被授予专利权的当年开始缴纳年费,而根据本法第42条的规定,专利权的期限自申请日起算,故从申请日到授权日无须缴纳年费。按照有关规定,除授予专利权当年的年费应当在办理登记手续的同时缴纳外,以后的年费应当在前一年度期满前1个月内预缴。专利年度从申请日起算,与优先权日、授权日无关,与自然年度也没有必然联系。按照有关规定,专利权人未按时缴纳年费(不包括授予专利权当年的年费)或者缴纳的数额不足的,可以在年费期满之日起一定期限内补缴,同时缴纳滞纳金。

第四十四条 【专利权在期限届满前的终止】有下列情形之一的,专利权在期限届满前终止:
(一)没有按照规定缴纳年费的;
(二)专利权人以书面声明放弃其专利权的。
专利权在期限届满前终止的,由国务院专利行政部门登记和公告。

条文注释

本条是关于专利权在期限届满前终止的情形的规定。

本条第1款对专利权在期限届满前终止的两种情形作了规定:

1.专利权人没有按照规定缴纳年费的

专利权人如果想在保护期限届满前一直保持其专利权的效力,就必须按期缴纳年费。否则,按照权利和义务对等的原则,不履行按期缴纳年费的义务,专利权人就不能继续保持其享受专利保护的权利。

2.专利权人以书面声明放弃其专利权的

一般情况下,专利权人是要尽力维护专利权的,但在某些情况下,专利权人也会自动要求放弃其专利权。比如,由于科学技术的进步,更新换代迅速,其拥有的专利已经失去存在的实际价值等。一旦专利权人在专利期限届满前以书面声明放弃其专利权,该专利权即终止。此外,放弃专利权的声明不能附加任何条件,并且只能整体放弃一项专利权,而不能部分放弃专利权。例如,不能声明放弃独立权利要求,但保留从属权利要求。放弃专利权声明附加条件的或者提出部分放弃专利权的,该声明视为未提出。专利权由多个专利权人共有的,放弃专利权的声明必须由所有共有专利权人签字或者盖章。

专利权终止后,专利技术将进入公共领域,任何人都可以不经专利权人同意而实施该技术。因此,专利权终止的情况,应当通过一定的形式,使公众能够了解。本条第 2 款专门为此作了规定,即专利权在期限届满前终止的,由国务院专利行政部门登记和公告。

第四十五条 【宣告专利权无效的请求】自国务院专利行政部门公告授予专利权之日起,任何单位或者个人认为该专利权的授予不符合本法有关规定的,可以请求国务院专利行政部门宣告该专利权无效。

条文注释

本条是关于请求宣告专利权无效的规定。

专利权是由国家专利主管机关依法批准授予的权利。尽管专利主管机关对专利申请依法进行了审查,但由于各种原因,并不能绝对保证所授予的专利权都是符合法律规定的授权条件的。特别是对于实用新型和外观设计专利,由于专利主管机关并不对其进行实质审查,难免后来会发现有不符合法定授予专利权条件的情形。为了对这类情形进行补救,本条对请求宣告专利权无效的程序作了规定。

依照本条规定,请求宣告专利权无效的主体,可以是任何单位或者个人。可以请求宣告专利权无效的起始时间,为授予专利权的公告之日。任何单位或者个人请求宣告专利权无效时,应当向国务院专利行政部门提交请求书和必要的证据,说明所依据的事实和理由。依照本条规定,提出宣告专利权无效的理由应是授予的专利权不符合本法的有关规定。

关联法规

《专利法实施细则》第69条

> **第四十六条 【宣告专利权无效请求的审查和审理】** 国务院专利行政部门对宣告专利权无效的请求应当及时审查和作出决定,并通知请求人和专利权人。宣告专利权无效的决定,由国务院专利行政部门登记和公告。
>
> 对国务院专利行政部门宣告专利权无效或者维持专利权的决定不服的,可以自收到通知之日起三个月内向人民法院起诉。人民法院应当通知无效宣告请求程序的对方当事人作为第三人参加诉讼。

条文注释

本条是关于国务院专利行政部门对宣告专利权无效的请求作出处理决定的程序,以及对国务院专利行政部门的决定不服的司法救济的规定。

依照本条第1款的规定,国务院专利行政部门对宣告专利权无效的请求,应按以下程序处理:(1)对宣告专利权无效的请求,应当及时进行审查。该审查包括形式审查与实质审查。(2)国务院专利行政部门对宣告专利权无效的请求依法审查完毕后,应当及时作出处理决定。经审查确认请求宣告无效的理由成立的,根据不同情况,作出专利权无效或部分无效的决定;审查确认请求宣告无效的理由不成立的,应作出维持专利权的决定。(3)国务院专利行政部门对宣告专利权无效的请求作出决定后,应当及时通知请求人和专利权人。对宣告专利权无效的决定,应由国务院专利行政部门予以登记和公告,使公众了解。

本条第2款规定了当事人对国务院专利行政部门作出的决定不服的司法救济程序。即请求人和专利权人收到审查决定的通知后,如果对国务院专利行政部门作出的决定不服,可以在收到通知之日起 3 个月内,以国务院专利行政部门为被告向人民法院提起诉讼。由于人民法院对案件的判决结果与无效宣告请求程序的对方当事人之间存在利害关系,人民法院应当依法通知无效宣告请求程序的对方当事人作为第三人参加诉讼。

关联法规

《专利法实施细则》第 70~76 条

> **第四十七条 【宣告专利权无效决定的效力】** 宣告无效的专利权视为自始即不存在。
>
> 宣告专利权无效的决定,对在宣告专利权无效前人民法院作出并已执行的专利侵权的判决、调解书,已经履行或者强制执行的专利侵权纠纷处理决定,以及已经履行的专利实施许可合同和专利权转让合同,不具有追溯力。但是因专利权人的恶意给他人造成的损失,应当给予赔偿。
>
> 依照前款规定不返还专利侵权赔偿金、专利使用费、专利权转让费,明显违反公平原则的,应当全部或者部分返还。

条文注释

本条是关于专利权无效宣告的法律效力的规定。

依照本条第 1 款的规定,被宣告无效的专利权,视为自始即不存在,法律上认定该专利权从授权开始就没有法律约束力,而不是自被宣告无效后才失去法律效力,即对专利权无效的宣告是有溯及力的。

按照民法的一般原则,既然被宣告无效的专利权视为自始即不存在,被宣告无效的专利权人因行使专利权所获得的利益属于不当得利,专利权人应当将不当得利返还相对人。但考虑到专利权作为一种无形的财产权及授权情况的复杂性,很难保证每一项被授予的专利权都符合法律规定的条件而不在其后被宣告无效。因此,本条第 2 款对几种不具有追溯力的情形作了规定。同时,为了保护有关当事人的合法权益,依照本款规定,如果因专利权人的恶意给他人造成的损失,应当给予赔偿。

为了防止本条第2款的规定产生不公平的现象,本条第3款又规定,如果依照第2款的规定,专利权人或者专利权转让人不向有关当事人返还专利侵权赔偿金、专利使用费或者专利权转让费,明显违反公平原则的,专利权人或者专利权转让人应当向有关当事人全部或者部分返还专利侵权赔偿金、专利使用费或者专利权转让费。

关联法规

《最高人民法院关于审理技术合同纠纷案件适用法律若干问题的解释》第45条

第六章　专利实施的特别许可

第四十八条　【加强专利公共服务】国务院专利行政部门、地方人民政府管理专利工作的部门应当会同同级相关部门采取措施,加强专利公共服务,促进专利实施和运用。

条文注释

本条是关于行政部门加强专利公共服务的规定。

依照本条的规定,国务院专利行政部门、地方人民政府管理专利工作的部门,应当与本级有关部门共同采取措施,加强专利领域的公共服务,进一步加强知识产权公共服务基础设施建设,推动形成立体化、多层级、便捷高效的知识产权公共服务体系,优化知识产权公共服务资源供给,以实现促进专利实施和运用的目的,为知识产权强国建设和经济高质量发展提供基础支撑与服务保障。

第四十九条 【指定许可】国有企业事业单位的发明专利,对国家利益或者公共利益具有重大意义的,国务院有关主管部门和省、自治区、直辖市人民政府报经国务院批准,可以决定在批准的范围内推广应用,允许指定的单位实施,由实施单位按照国家规定向专利权人支付使用费。

条文注释

本条是关于国有企业事业单位发明专利指定许可的规定。

本条规定的指定许可应从以下几个方面进行理解:

(1)指定许可专利的客体只限于发明专利,不包括实用新型专利和外观设计专利。(2)指定许可专利权人,只限于国有企业事业单位。指定许可的实施主体是国务院有关主管部门和省、自治区、直辖市人民政府指定的单位,不包括个人。(3)这种指定许可必须具有明确的合理性,考虑作为专利权人的国有企业事业单位的自身利益,并且必须履行严格的法定程序。为此,本条对指定许可的法定条件作了规定:一是被采取指定许可的专利,必须是对国家利益或者公共利益具有重大意义的发明专利。二是指定许可的决定权,只能由国务院有关主管部门和省、自治区、直辖市人民政府在报经国务院批准后行使,其他任何国家机关、单位或者个人都无权决定指定许可。三是指定许可的实施范围,只限于批准推广应用的范围内,由指定实施的单位实施,个人不能作为指定许可的被许可人。四是被指定的实施单位享有的专利实施权不是无偿取得的,必须按照国家规定向专利权人支付相应的使用费。

第五十条 【开放许可的申请和撤回程序】专利权人自愿以书面方式向国务院专利行政部门声明愿意许可任何单位或者个人实施其专利,并明确许可使用费支付方式、标准的,由国务院专利行政部门予以公告,实行开放许可。就实用新型、外观设计专利提出开放许可声明的,应当提供专利权评价报告。

专利权人撤回开放许可声明的,应当以书面方式提出,并由国务院专利行政部门予以公告。开放许可声明被公告撤回的,不影响在先给予的开放许可的效力。

条文注释

本条是关于申请和撤回开放许可的规定。

专利开放许可,又称专利当然许可,一般是指专利权人自愿向国务院专利行政部门提出开放许可申请并经批准后,由国务院专利行政部门进行公告,在专利开放许可期内,任何人均可在支付相应的许可使用费后,按照该开放许可的条件实施专利,专利权人不得以其他任何理由拒绝许可。

专利开放许可制度由专利权人自行提出,而非他人申请或者由专利行政部门强制。专利权人自愿决定是否作出开放许可声明,既是对专利权人自由处分其专利的尊重,也是对开放许可制度与强制许可制度界限的划分。

本条第1款对专利权人申请开放许可的程序作了原则性规定。(1)开放许可由专利权人自愿作出;(2)专利权人需要以书面方式向国务院专利行政部门提出声明,表明愿意许可任何单位或者个人实施其专利,同时明确许可使用费的支付方式和标准;(3)国务院专利行政部门根据专利权人提出的声明,公告该专利实行开放许可。至此,开放许可的申请程序已经完成。需要注意的是,如果是对实用新型专利、外观设计专利提出开放许可声明,专利权人在申请时还需要提供专利权评价报告,以免由于专利效率不稳定而影响被许可人的利益。

本条第2款对开放许可的撤回程序作了规定。开放许可制度充分尊重专利权人的意愿,如果专利权人出于某些原因,希望撤回开放许可声明,则需要以书面方式向国务院专利行政部门提出,国务院专利行政部门依据专利权人的申请予以公告。需要注意的是,即便开放许可声明被公告撤回,但在开放许可期间,只要被许可人履行了相应程序、支付了使用费,实施其专利的行为就不属于侵权。

此外,要求专利权人申请和撤回开放许可的意思表示以书面形式提出,便于潜在被许可人和被许可人清晰地了解权利人的意图,从而就是否接受开放许可声明作出决定,保护自己的利益。

关联法规

《专利法实施细则》第85、86条

> **第五十一条 【开放许可的获得和年费优惠】**任何单位或者个人有意愿实施开放许可的专利的,以书面方式通知专利权人,并依照公告的许可使用费支付方式、标准支付许可使用费后,即获得专利实施许可。
>
> 开放许可实施期间,对专利权人缴纳专利年费相应给予减免。
>
> 实行开放许可的专利权人可以与被许可人就许可使用费进行协商后给予普通许可,但不得就该专利给予独占或者排他许可。

条文注释

本条是关于获得开放许可实施的方式和年费优惠的规定。

根据本条第1款的规定,如果任何单位或者个人有意愿实施某项开放许可的专利,其需要以书面方式通知该专利权人,同时需要依照公告的许可使用费支付方式、标准支付许可使用费,即可获得专利实施许可。通过开放许可达成专利实施许可的,专利权人或者被许可人应当凭能够证明达成许可的书面文件向国务院专利行政部门备案。

根据本条第 2 款的规定,开放许可实施期间,专利权人享受相应的专利年费减免。开放许可专利的年费优惠强调在"开放许可实施期间"。鼓励开放许可是必要的,但要限于有实际价值的专利权。因此,本条第 2 款在年费优惠方面特别规定,"开放许可实施期间"(而不是"开放许可期间"),对专利权人缴纳专利年费相应给予减免。考虑到专利开放许可制度属于新设制度,法律对年费减免问题只作了原则性规定,年费减免的具体内容、方式等可由国务院及其相关部门在具体制度实施中根据具体情况作出详细规定。

实施开放许可,并没有限制专利权人通过其他方式给予专利普通许可的权利。本条第 3 款规定,实行开放许可的专利权人,也可以在开放许可之外,与被许可人就许可使用费进行协商后给予专利许可。但考虑到开放许可的存在,这种许可只能是普通许可,不能给予独占或者排他许可。

关联法规

《专利法实施细则》第 87、88 条

第五十二条 【开放许可的纠纷解决】当事人就实施开放许可发生纠纷的,由当事人协商解决;不愿协商或者协商不成的,可以请求国务院专利行政部门进行调解,也可以向人民法院起诉。

条文注释

本条是关于开放许可的纠纷解决方式的规定。

根据本条规定,实施专利开放许可发生纠纷的,当事人有以下三种解决方式:(1)当事人之间协商解决。这是纠纷解决最简单有效的方式,解决的方案是双方协商的结果,双方遵守的意愿高,纠纷解决的速度快、成本低。(2)请求国务院专利行政部门进行调解,即通过行政救济途径解决纠纷。这种方式的优势在于有行政机关的参与,而且专利行政部门具备的专业和行业背景能增强当事人对其纠纷处理方式的尊重,具有一定的权威性;同时,与司法途径相比,效率更高,纠纷解决的速度快、成本也更低。(3)直接向人民法院起诉,即通过司法救济途径解决纠纷。司法是社会公平正义的最后一道防线,司法保护也是专利保护的最终救济途径。这种纠纷解决方式的优势在于具有强制执行力,具有终局性,但司法程序比较严格,举证责任相对较重,纠纷解决耗时长、成本高。

第五十三条 【给予强制许可的一般理由】有下列情形之一的,国务院专利行政部门根据具备实施条件的单位或者个人的申请,可以给予实施发明专利或者实用新型专利的强制许可:

(一)专利权人自专利权被授予之日起满三年,且自提出专利申请之日起满四年,无正当理由未实施或者未充分实施其专利的;

(二)专利权人行使专利权的行为被依法认定为垄断行为,为消除或者减少该行为对竞争产生的不利影响的。

条文注释

本条是关于依申请给予专利实施强制许可的规定。

专利强制许可制度,又称非自愿许可制度,是指国家专利行政机关或者司法机关,依据法定条件和程序,不经发明专利权人、实用新型专利权人的同意,向特定对象给予实施其专利的许可,同时由被许可人向专利权人支付许可费的制度。专利强制许可制度是限制专利权滥用、实现专利权人利益与社会公众利益平衡的重要法律手段。

按照本条规定,依当事人申请给予专利实施的强制许可,包括两种情况:(1)专利权人不实施或者不充分实施其专利。未充分实施其专利,是指专利权人及其被许可人实施其专利的方式或者规模不能满足国内对专利产品或者专利方法的需求。
(2)为制止垄断行为而授予强制许可。依据我国《反垄断法》第3条的规定,垄断行为主要包括以下三类:一是经营者达成垄断协议;二是经营者滥用市场支配地位;三是具有或者可能具有排除、限制竞争效果的经营者集中。专利权人滥用其专利权,以排除、限制竞争为目的拒绝授予专利许可,就可能构成《反垄断法》中规定的垄断行为(主要是滥用市场支配地位行为)。

关联法规

《专利法实施细则》第89条第1款、第90条;《专利实施强制许可办法》第5条

> **第五十四条 【给予强制许可的特别理由】**在国家出现紧急状态或者非常情况时,或者为了公共利益的目的,国务院专利行政部门可以给予实施发明专利或者实用新型专利的强制许可。

条文注释

本条是关于依紧急状态或公共利益需要给予专利实施强制许可的规定。

依据本条规定,可以作出专利实施强制许可决定的情况有两类:

(1)国家出现紧急状态或者非常情况。例如,爆发战争、发生严重自然灾害等情况。紧急状态,是指发生或者即将发生特别重大突发事件,需要国家机关行使紧急权力予以控制、消除其社会危害和威胁时,有关国家机关按照《宪法》、法律规定的权限决定并宣布局部地区或者全国实行的一种临时性的严重危急状态。

(2)为了公共利益的目的。一般而言,公共利益,是指在一

定范围内涉及不特定多数人的利益。例如,为了公共利益,对一项获得专利的污染防治技术方案给予强制实施许可。又如,某类疫病在某地区流行,出于公共利益的需要,就可能对用于疫情防控的某种设备、装置等专利给予强制许可。

本条规定的强制许可,可以不经任何人提出强制许可的申请,而由国务院专利行政部门直接作出强制许可的决定。但是,这类强制许可的范围同样仅限于发明专利和实用新型专利。

关联法规
《专利实施强制许可办法》第6条

第五十五条 【出口专利药品的强制许可】为了公共健康目的,对取得专利权的药品,国务院专利行政部门可以给予制造并将其出口到符合中华人民共和国参加的有关国际条约规定的国家或者地区的强制许可。

条文注释

本条是关于为了公共健康目的而授予专利药品强制许可的规定。

根据《专利法实施细则》的规定,取得专利权的药品,是指解决公共健康问题所需的医药领域中的任何专利产品或者依照专利方法直接获得的产品,包括取得专利权的制造该产品所需的活性成分以及使用该产品所需的诊断用品。

根据本条规定,对取得专利权的药品授予的强制许可应遵守以下条件:(1)为了公共健康的目的。(2)强制许可的内容仅限于对专利药品的制造和出口。(3)进口实施强制许可的药品的国家或者地区,应符合我国参加的有关国际条约的规定。按照《TRIPS协定》的规定,有资格进口实施强制许可的药品的成员,是指任何最不发达成员,以及任何已向TRIPS理事会通报

（无须理事会批准）表明希望适用此制度作为进口方的成员。除最不发达成员外,进口成员要证明其在所需药品的生产领域制造能力不足或没有制造能力,并确认该药品已在其地域内授予专利权,其已经或者计划颁发强制许可。

关联法规

《专利法实施细则》第89条第2款;《专利实施强制许可办法》第7条

> **第五十六条 【依存专利的强制许可】**一项取得专利权的发明或者实用新型比前已经取得专利权的发明或者实用新型具有显著经济意义的重大技术进步,其实施又有赖于前一发明或者实用新型的实施的,国务院专利行政部门根据后一专利权人的申请,可以给予实施前一发明或者实用新型的强制许可。
>
> 在依照前款规定给予实施强制许可的情形下,国务院专利行政部门根据前一专利权人的申请,也可以给予实施后一发明或者实用新型的强制许可。

条文注释

本条是关于依存专利的强制许可的规定。

在实际生活中,有时前一项发明或者实用新型专利与后一项发明或者实用新型专利是相互依存的,后一项专利如果不利用前一项专利中的某些专利技术就无法实施。在此情况下,如果两个专利权人不能在合理的条件下订立专利实施许可合同,则其中的专利技术就不能有效实施。显然,这既不利于专利权人,也不利于科学技术的发展。

依照本条第1款的规定,给予依存专利的强制许可必须符合以下条件:(1)两项发明或者实用新型专利必须是相关的、从属的,后一项专利的实施又有赖于前一项专利的实施,否则后一项专利将无法实施。(2)后一项取得专利权的发明或者实用新型比前一项已经取得专利权的发明或者实用新型具有显著经济意义的重大技术进步。

依照本条第2款的规定,在依照第1款的规定给予后一项专利的专利权人实施从属的前一项专利的强制许可的情形下,如果前一专利权人提出给予实施后一项专利的强制许可的申请,国务院专利行政部门也可给予其实施后一项专利的强制许可。这一规定体现了公平原则。

本条规定的强制许可,只能由国务院专利行政部门依相关专利权人的申请给予,国务院专利行政部门不能主动作出给予专利强制许可的决定。

关联法规

《专利实施强制许可办法》第8条

第五十七条 【半导体技术的强制许可】强制许可涉及的发明创造为半导体技术的,其实施限于公共利益的目的和本法第五十三条第(二)项规定的情形。

条文注释

本条是关于涉及的发明创造为半导体技术的强制许可的限制性规定。

半导体技术是以半导体为材料,制作成组件及集成电路的技术。半导体材料在集成电路系统中广泛应用,半导体技术在电子信息技术中具有重要的地位。本法对涉及半导体技术的发明创造的强制许可问题的特别规定,是为了更好地与《TRIPS协定》的规定相衔接,履行我国承担的条约义务。

按照本条的规定,强制许可涉及的发明创造为半导体技术的,其实施限于以下两种情形:(1)为了公共利益的目的。例如,为了公共利益目的对一项获得专利的污染防治技术方案给予强制许可。(2)本法第53条第2项规定的情形,即专利权人行使专利权的行为被依法认定为垄断行为,为消除或者减少该行为对竞争产生的不利影响。除上述两种情形外,不得对涉及半导体技术的发明专利实施强制许可。例如,不得依照本法第53条第1项的规定,以专利权人无正当理由未实施或者未充分实施其专利为由,申请对涉及半导体技术的发明专利实施强制许可。

> **第五十八条　【强制许可的实施限制】**除依照本法第五十三条第(二)项、第五十五条规定给予的强制许可外,强制许可的实施应当主要为了供应国内市场。

条文注释

本条是关于有关专利强制许可的实施应当主要为了供应国内市场的规定。

本法针对专利实施的强制许可不仅规定了严格的申请条件,同时也对因强制许可的实施而生产的产品的目标市场作了限制性规定,即强制许可的实施应当主要为了供应国内市场。这一规定与《TRIPS协定》的规定一致。

按照本条的规定,本法第53条第2项、第55条规定的专利实施的强制许可并不要求其实施应当主要为了供应国内市场,这主要是为了更好地与《TRIPS协定》及其修改议定书的有关内容进行衔接。

> **第五十九条　【申请强制许可的有关证据】**依照本法第五十二条第(一)项、第五十六条规定申请强制许可的单位或者个人应当提供证据,证明其以合理的条件请求专利权人许可其实施专利,但未能在合理的时间内获得许可。

条文注释

本条是关于申请强制许可的申请人负有提出有关证据的义务的规定。

本法第53条第1项是关于专利权人无正当理由未实施或未充分实施专利的强制许可的规定,第56条是关于对技术互相依存的发明或者实用新型专利给予强制许可的规定。这两种专利实施的强制许可均需由具备实施条件的单位或者个人向国务院专利行政部门提出申请,并经国务院专利行政部门审查后作出决定。为使国务院专利行政部门能对申请人提出的申请是否符合法定条件进行审查,本条规定,申请人必须提供相关的证据,即申请人在向国务院专利行政部门提出专利实施强制许可申请时,应当提出未能在合理的时间内获得许可的证明。这就要求申请人在向国务院专利行政部门提出申请之前,应当按照平等互利、诚实信用的原则,先与有关专利权人进行协商。如果能够与专利权人在平等互利、诚实信用等原则下经过充分协商达成专利实施许可合同,不依赖于强制许可,在实施专利的过程中,通常更容易得到专利权人的积极配合,掌握有关实施专利的技术,有利于保证专利实施的成功。

除本法第53条第1项、第56条规定的专利实施的强制许可外,本法第54、55条规定的专利实施的强制许可由国务院专利行政部门依职权给予,并不需要具备实施条件的单位或者个人向国务院专利行政部门提出申请。本法第53条第2项规定的专利强制许可尽管也需要由具备实施条件的单位或者个人提出申请,但是,由于专利权人行使专利权的行为已经被依法认定为垄断行为,作为对该垄断行为的一种补救措施,专利强制许可的条件已经具备。因此,本条规定并不要求申请人提供有关证据。只要专利权人行使专利权的行为被依法认定为垄断行为,具备实施条件的单位或者个人即可向国务院专利行政部门申请给予实施专利强制许可。

> **第六十条　【给予强制许可的决定及其登记、公告和终止】**
> 国务院专利行政部门作出的给予实施强制许可的决定,应当及时通知专利权人,并予以登记和公告。
> 　　给予实施强制许可的决定,应当根据强制许可的理由规定实施的范围和时间。强制许可的理由消除并不再发生时,国务院专利行政部门应当根据专利权人的请求,经审查后作出终止实施强制许可的决定。

条文注释

　　本条是关于强制许可决定的通知、登记、公告和终止的规定。

　　按照本条第1款的规定,国务院专利行政部门在作出给予专利实施强制许可的决定后,应当将该决定及时通知专利权人。专利实施强制许可决定直接影响专利权人的专有权,涉及专利权人的重大利益,应当及时通知专利权人,专利权人也可据此作出必要的安排。此外,国务院专利行政部门在作出专利实施强制许可的决定后,还应予以登记和公告,以便让公众了解这一情况。

　　按照本条第2款的规定,国务院专利行政部门在作出专利实施强制许可决定时,应当根据强制许可的理由,规定实施的范围和时间。申请人取得专利实施强制许可后,只能在强制许可决定规定的范围和时间内实施专利,不得超越强制许可决定中规定的范围和时间。

　　专利实施的强制许可是有条件的。这些条件一旦不存在,就应当终止强制许可,保护专利权人的利益,维护其应有的专有权利。为此,本条第2款中规定,强制许可的理由消除并不再发生时,国务院专利行政部门应当根据专利权人的请求,经审查后作出终止实施强制许可的决定。按照这一规定,终止专利实施的强制许可,应由专利权人提出。专利权人一旦提出终止强制许可的申请,国务院专利行政部门应进行审查。经审查确认给予专利实施强制许可的理由已消除并不再发生时,即应作出终止实施强制许可的决定。

第六十一条 【强制许可的实施权】取得实施强制许可的单位或者个人不享有独占的实施权,并且无权允许他人实施。

条文注释

本条是关于对依强制许可取得专利实施权的单位或个人权利限制的规定。

依照本条规定,对依强制许可取得专利实施权的单位或者个人权利加以限制,包括以下两方面:

1. 不享有独占实施权

强制许可不是独占许可。也就是说,取得强制许可实施权的单位或者个人,无权限制专利权人本人实施或者再许可其他单位、个人实施该项专利。其他单位或者个人无论是通过国家专利行政机关得到强制许可的实施权,还是通过专利权人许可得到的实施权,都受法律保护,取得强制许可的单位或者个人无权加以限制。专利权人在被强制许可某单位或者个人实施自己所有的专利后,仍然有权自己实施该项专利或者自愿许可第三者实施该项专利。

2. 无权允许他人实施

取得专利实施强制许可的单位或者个人,虽然经国务院专利行政部门的决定取得了实施专利的权利,但是其权利仅是在规定的范围和时间内实施专利。取得专利实施强制许可的单位或者个人并不是专利权人,没有权利允许他人实施该项专利。

第六十二条 【强制许可的使用费】取得实施强制许可的单位或者个人应当付给专利权人合理的使用费,或者依照中华人民共和国参加的有关国际条约的规定处理使用费问题。付给使用费的,其数额由双方协商;双方不能达成协议的,由国务院专利行政部门裁决。

条文注释

本条是关于强制许可使用费的规定。

专利实施强制许可,是为了防止专利权人对其专利技术的不适当垄断,并没有使专利权人失去其专利所有权,这不是专利权的"征用"。因此,在专利实施强制许可的情况下,专利权人仍然享有请求实施其专利的人包括取得强制许可而实施其专利的单位或者个人支付专利使用费的权利。取得专利实施强制许可的单位或者个人,因实施他人的专利而获得利益,也应当向专利权人支付实施其专利的使用费。

按照本条的规定,取得专利实施强制许可的单位或个人应当向专利权人支付合理的专利使用费,或者依照我国参加的有关国际条约的规定处理使用费问题。这里的"有关国际条约"主要是指与《TRIPS 协定》及其修改议定书中对药品专利强制许可制度的有关规定。除适用国际条约的规定处理使用费问题的情形外,专利使用费的数额一般应由取得实施强制许可的单位或者个人与专利权人按照公平合理的原则协商确定。双方经过协商,对使用费数额达成一致的,即应以双方协商的数额作为强制许可使用费,由取得实施强制许可的单位或者个人支付给专利权人。如果双方没有就使用费的数额达成一致意见,应当向国务院专利行政部门提出裁决请求书,并附具双方不能达成协议的证明文件,请求国务院专利行政部门对使用费数额作出裁决,并以裁决的数额作为强制许可使用费,由取得实施强制许可的单位或者个人按此数额支付给专利权人。

关联法规

《专利法实施细则》第 91 条

> **第六十三条 【给予强制许可决定和使用费裁决的司法救济】**专利权人对国务院专利行政部门关于实施强制许可的决定不服的,专利权人和取得实施强制许可的单位或者个人对国务院专利行政部门关于实施强制许可的使用费的裁决不服的,可以自收到通知之日起三个月内向人民法院起诉。

条文注释

本条是关于因对国务院专利行政部门作出的有关强制许可决定不服而提起诉讼的情形的规定。

我国对专利强制许可的给予采用的是行政程序,本条对行政程序的结果给予了司法救济。即当事人对于国务院专利行政部门作出的关于实施强制许可的决定或者对强制许可使用费的裁决不服的,有权向法院提起诉讼。

1. 给予强制许可决定司法救济

为了切实保障专利权人的合法权益,本条规定了专利权人对国务院专利行政部门关于实施强制许可的决定不服的,可以自收到通知之日起 3 个月内向人民法院起诉,这就为专利权人不服强制许可决定提供了司法救济的途径。

2. 给予强制许可使用费裁决司法救济

在专利实施强制许可的情况下,如果专利权人与取得强制许可的单位或者个人就使用费的数额无法达成协议,按照本法第 62 条的规定,就要由国务院专利行政部门裁决。专利权人或者取得实施强制许可的单位或者个人对国务院专利行政部门关于实施强制许可的使用费的裁决不服的,即不愿接受国务院专利行政部门裁决的数额的,可以自收到通知之日起 3 个月内向人民法院起诉。

国务院专利行政部门关于专利实施强制许可的决定和对强制许可使用费的裁决,都属于行政机关的行政决定。对这两类行政决定不服的,应当以国务院专利行政部门为被告,依照本条和《行政诉讼法》的规定,向有管辖权的人民法院提起行政诉讼。

第七章 专利权的保护

第六十四条 【专利权保护范围】发明或者实用新型专利权的保护范围以其权利要求的内容为准,说明书及附图可以用于解释权利要求的内容。

外观设计专利权的保护范围以表示在图片或者照片中的该产品的外观设计为准,简要说明可以用于解释图片或者照片所表示的该产品的外观设计。

条文注释

本条是关于专利权保护范围的规定。

专利权的保护范围,是指发明、实用新型和外观设计专利权的法律效力所及的范围。

1. 发明或者实用新型专利权的保护范围

本条第1款规定包括两层含义:(1)一项发明创造专利权的保护范围,应当以其权利要求的内容为准,即以由专利申请人提出的并经国务院专利行政主管部门批准的权利要求书中所记载的权利要求的内容为准,个小于也不得超出权利要求书中所记载的权利要求内容的范围。(2)说明书及附图对权利要求具有解释的功能,可以作为解释权利要求内容的依据。相对于权利要求的内容而言,说明书及附图只处于从属的地位,不能仅以其作为发明或者实用新型专利权保护的基本依据,基本依据只能是权利要求书。对于仅在说明书或者附图中描述而在权利要求书中未记载的技术方案,不属于专利权的保护范围。

2. 外观设计专利权的保护范围

根据本条第2款的规定,外观设计专利权的保护范围以表示在图片或者照片中的该产品的外观设计为准。简要说明可以用于解释图片或者照片所表示的该产品的外观设计。确定外观设计专利权的保护范围,如果只依据其图片或者照片,在实践中可能导致不适当地扩大或者缩小外观设计专利权的保护范围。

关联法规

《专利法》第26、27条

第六十五条 【专利侵权纠纷解决方式】 未经专利权人许可,实施其专利,即侵犯其专利权,引起纠纷的,由当事人协商解决;不愿协商或者协商不成的,专利权人或者利害关系人可以向人民法院起诉,也可以请求管理专利工作的部门处理。管理专利工作的部门处理时,认定侵权行为成立的,可以责令侵权人立即停止侵权行为,当事人不服的,可以自收到处理通知之日起十五日内依照《中华人民共和国行政诉讼法》向人民法院起诉;侵权人期满不起诉又不停止侵权行为的,管理专利工作的部门可以申请人民法院强制执行。进行处理的管理专利工作的部门应当事人的请求,可以就侵犯专利权的赔偿数额进行调解;调解不成的,当事人可以依照《中华人民共和国民事诉讼法》向人民法院起诉。

条文注释

本条是关于专利侵权纠纷解决方式的规定。

对专利侵权纠纷,本条规定了以下处理方式:

(1)协商解决。即发生侵权案件以后,双方当事人直接进行磋商,以达成解决争议办法的处理方式。这种方式有利于降低纠纷处理成本,有效定分止争。

(2)向人民法院起诉。权利人认为他人侵犯其专利权,不愿协商解决或者协商解决不成的,可以以侵权人为被告,依照《民事诉讼法》的规定,提起民事诉讼。

(3)行政处理。按照本条的规定,专利侵权纠纷的当事人如果不愿直接向人民法院起诉来解决争议,可以请求管理专利工作的部门处理。需要注意以下几点:一是专利侵权纠纷,性质上属于民事纠纷,当事人协商解决不成的,通常应通过司法程序加以解决。但本法从实际情况出发,规定当事人也可以请求管理专利工作的部门进行处理。管理专利工作的部门只能根据有关当事人的请求进行处理,当事人没有提出请求的,管理专利工作的部门不能主动进行处理。二是可以作出本条规定的行政处理的机关,为"管理专利工作的部门",主要是指地方人民政府管理专利工作的部门,如各省、市知识产权局。三是管理专利工作的部门对专利侵权纠纷进行处理的内容,主要是对是否构成侵权进行认定。对认定为侵权的行为,可以责令侵权人立即停止侵权行为。四是管理专利工作的部门依照本条规定作出的处理,属于具体行政行为,具有强制执行力。如果侵权人既不在规定的期限内向法院起诉,又不停止侵权行为,作出处理的管理专利工作的部门可以申请人民法院强制执行。五是由于这一处理的性质属于具体行政行为,当事人对管理专利工作的部门作出的处理决定不服的,可以自收到处理通知之日起15日内,依照《行政诉讼法》的规定,以作出处理的管理专利工作的部门为被告,向人民法院提起行政诉讼。超过15日的,除有法定事由外,人民法院将不予受理。

(4)行政调解。依照本条的规定,进行调解的机关应是对专利侵权纠纷作出行政处理的同一个管理专利工作的部门;调解的内容,是侵犯专利权的赔偿数额;调解只能应当事人的请求进行;该种调解属于行政机关对当事人之间的民事纠纷作出的行政调解,不是行政处理,应由当事人自愿履行,不具有强制执行力,调解不成或者达成调解协议后又反悔的,有关当事人可以依照《民事诉讼法》的规定,以对方当事人为被告向人民法院提起民事诉讼。

关联法规

《专利法实施细则》第 102 条

> **第六十六条　【专利侵权纠纷中证据提供】**专利侵权纠纷涉及新产品制造方法的发明专利的,制造同样产品的单位或者个人应当提供其产品制造方法不同于专利方法的证明。
>
> 专利侵权纠纷涉及实用新型专利或者外观设计专利的,人民法院或者管理专利工作的部门可以要求专利权人或者利害关系人出具由国务院专利行政部门对相关实用新型或者外观设计进行检索、分析和评价后作出的专利权评价报告,作为审理、处理专利侵权纠纷的证据;专利权人、利害关系人或者被控侵权人也可以主动出具专利权评价报告。

条文注释

本条是关于专利侵权纠纷中证据提供的规定。

1. 关于新产品制造方法专利举证责任倒置

按照本条第 1 款的规定,专利侵权纠纷涉及新产品制造方法的发明专利的,制造同样产品的单位或者个人应当提供其产品制造方法不同于专利方法的证明。适用这一规定,需要把握以下几点:

(1)适用举证责任倒置的范围,限于涉及"新产品制造方法的发明专利"纠纷,即依据该制造方法生产的产品是"新产品",这需要由专利权人先予证明。如果产品本身不是"新产品",则不适用本款规定。

(2)适用举证责任倒置的前提条件是,被诉侵权人制造了同样的产品,这需要由专利权人先予证明。如果被诉侵权人与专利权人生产的产品不同,则不适用本款规定。

(3)如果前两项要求均满足,相关专利侵权诉讼中的举证责任,应由被诉侵权人即被告来承担。被诉侵权人不能提供其同样产品的制造方法不同于专利方法的充分证据的,推定其使用了专利权人的发明专利,构成了对专利权的侵犯,应当依法承担侵权损害赔偿责任。

2.关于实用新型专利、外观设计专利纠纷提供专利权评价报告

根据本条第2款的规定,专利侵权纠纷涉及实用新型专利或者外观设计专利的,人民法院或者管理专利工作的部门可以要求专利权人或者利害关系人出具由国务院专利行政部门对相关实用新型或者外观设计进行检索、分析和评价后作出的专利权评价报告,作为审理、处理专利侵权纠纷的证据;专利权人、利害关系人或者被控侵权人也可以主动出具专利权评价报告。适用这一规定,需要把握以下几点:

(1)专利权评价报告只是审理、处理专利侵权纠纷的证据。专利权评价报告,是国务院专利行政部门作为专业机构,应当事人申请,对实用新型专利权或者外观设计专利权是否符合专利授权标准(是否属于保护客体,是否具备新颖性、创造性、实用性等)进行检索、分析和评价后,得出的公信度较高的专业意见;而不是国务院专利行政部门行使行政管理职权而作出的行政决定。专利权评价报告只是审理、处理专利侵权纠纷过程中的证据,不是判断专利权有效性的依据。

(2)出具专利权评价报告的主体,既包括专利权人,也包括利害关系人,还包括被控侵权人。

(3)出具专利权评价报告既是一种义务,也是一种权利。一方面,人民法院或者管理专利工作的部门根据审理、处理专利侵权纠纷的需要,要求专利权人或者利害关系人出具专利权评价

报告时,专利权人、利害关系人必须出具。另一方面,专利权人、利害关系人或者被控侵权人认为专利权评价报告对其有利时,也可以主动出具。

(4)并不是只有在专利侵权纠纷中,相关当事人才能要求国务院专利行政部门出具专利权评价报告。例如,本法第50条第1款中规定,专利权人就实用新型、外观设计专利提出开放许可声明的,应当提供专利权评价报告。

第六十七条 【专利侵权纠纷中现有技术抗辩权】在专利侵权纠纷中,被控侵权人有证据证明其实施的技术或者设计属于现有技术或者现有设计的,不构成侵犯专利权。

条文注释

本条是关于专利侵权纠纷中现有技术抗辩权的规定。

适用本条规定,需要把握以下几点:

(1)被控侵权人应当证明其实施的技术或者设计属于现有技术或者现有设计。现有技术,是指申请日以前在国内外为公众所知的技术;现有设计,是指申请日以前在国内外为公众所知的设计。《最高人民法院关于审理侵犯专利权纠纷案件应用法律若干问题的解释》第14条规定,被诉落入专利权保护范围的全部技术特征,与一项现有技术方案中的相应技术特征相同或者无实质性差异的,人民法院应当认定被诉侵权人实施的技术属于现有技术。被诉侵权设计与一个现有设计相同或者无实质性差异的,人民法院应当认定被诉侵权人实施的设计属于现有设计。

(2)被控侵权人可以在专利侵权诉讼中直接提起现有技术抗辩,无须另行向国务院专利行政部门提出无效宣告请求,也无须等待专利无效宣告审查及后续的行政诉讼结果。人民法院一旦认定被控侵权人实施的技术或者设计属于现有技术或者现有设计的,即可以直接判决被控侵权人不侵权。

(3)人民法院关于专利无效抗辩的裁判结果,只是对被控侵权人的行为是否侵犯专利权的认定,而不是对专利权是否有效的认定。要宣告专利权无效,依然要通过专利无效程序来确认。

> **第六十八条 【假冒专利的法律责任】**假冒专利的,除依法承担民事责任外,由负责专利执法的部门责令改正并予公告,没收违法所得,可以处违法所得五倍以下的罚款;没有违法所得或者违法所得在五万元以下的,可以处二十五万元以下的罚款;构成犯罪的,依法追究刑事责任。

条文注释

本条是关于假冒专利应承担的法律责任的规定。

根据《专利法实施细则》的规定,下列行为属于假冒专利的行为:(1)在未被授予专利权的产品或者其包装上标注专利标识,专利权被宣告无效后或者终止后继续在产品或者其包装上标注专利标识,或者未经许可在产品或者产品包装上标注他人的专利号;(2)销售第(1)项所述产品;(3)在产品说明书等材料中将未被授予专利权的技术或者设计称为专利技术或者专利设计,将专利申请称为专利,或者未经许可使用他人的专利号,使公众将所涉及的技术或者设计误认为是专利技术或者专利设计;(4)伪造或者变造专利证书、专利文件或者专利申请文件;(5)其他使公众混淆,将未被授予专利权的技术或者设计误认为是专利技术或者专利设计的行为。专利权终止前依法在专利产品、依照专利方法直接获得的产品或者其包装上标注专利标识,在专利权终止后许诺销售、销售该产品的,不属于假冒专利行为。销售不知道是假冒专利的产品,并且能够证明该产品合法来源的,由县级以上负责专利执法的部门责令停止销售。

根据本条规定,假冒专利应承担以下法律责任:

(1)民事责任。假冒专利,同时又构成侵犯他人专利权的,应依法承担侵权损害的民事责任。

(2)行政责任。一是责令假冒者改正并予公告;二是没收违法所得;三是可以并处罚款。

(3)刑事责任。即"构成犯罪的,依法追究刑事责任"。根据《刑法》第216条的规定,"假冒他人专利,情节严重的,处三年以下有期徒刑或者拘役,并处或者单处罚金"。

关联法规

《刑法》第216条;《专利法实施细则》第101条

第六十九条 【专利行政执法措施以及当事人的协助、配合义务】负责专利执法的部门根据已经取得的证据,对涉嫌假冒专利行为进行查处时,有权采取下列措施:

(一)询问有关当事人,调查与涉嫌违法行为有关的情况;

(二)对当事人涉嫌违法行为的场所实施现场检查;

(三)查阅、复制与涉嫌违法行为有关的合同、发票、账簿以及其他有关资料;

(四)检查与涉嫌违法行为有关的产品;

(五)对有证据证明是假冒专利的产品,可以查封或者扣押。

管理专利工作的部门应专利权人或者利害关系人的请求处理专利侵权纠纷时,可以采取前款第(一)项、第(二)项、第(四)项所列措施。

负责专利执法的部门、管理专利工作的部门依法行使前两款规定的职权时,当事人应当予以协助、配合,不得拒绝、阻挠。

条文注释

本条是关于专利行政执法措施以及当事人的协助、配合义务的规定。

1. 负责专利执法的部门查处涉嫌假冒专利案件时有权采取的措施

根据本条第1款的规定,负责专利执法的部门在对涉嫌假冒专利行为进行查处时,有下列权力:

(1)询问调查权。负责专利执法的部门开展调查时,可以到有关当事人的住所、工作场所、生产经营场所对该当事人进行询问,或者责令有关当事人到指定场所接受询问,要求当事人将其知道的事实如实向负责专利执法的部门提供,以调查与涉嫌违法行为有关的情况。询问应当制作询问笔录,并由询问人和被询问人签名或者盖章。询问不限于直接涉嫌违法行为的人员,也包括与涉嫌违法行为有关的其他人。询问当事人不得限制或者变相限制被询问人的人身自由。

(2)现场检查权。当事人涉嫌从事假冒专利行为的场所,包括涉嫌假冒专利产品的生产加工场所、经营场所等。负责专利执法的部门可以派人进入上述场所并进行检查,以查明事实,掌握证据。对于与当事人的假冒专利行为无关的住所及其他场所,不得实施现场检查。

(3)查阅、复制权。合同、发票、账簿及其他有关资料是记录经济活动的证据。查阅、复制这些资料,可以掌握当事人是否实施了假冒专利的行为及其行为的性质、情节轻重、危害后果如何,从而能够为负责专利执法的部门作出处罚决定提供依据。

(4)产品检查权。产品及其包装、说明书等上是否标注专利标识、专利号,该标注是否真实,是判断是否存在假冒专利行为的重要依据。

(5)查封、扣押权。需要注意的是,采取查封、扣押措施对当事人的影响很大,负责专利执法的部门在决定采取这一措施时一定要慎重,必须在有证据证明是假冒专利的产品的情况下,才能采取这一措施,不能凭主观猜测或者仅凭他人举报就采取这一措施。发现采取查封、扣押措施不当的,应当立即解除查封、扣押措施。

2.管理专利工作的部门处理专利侵权纠纷时可以采取的措施

考虑到管理专利工作的部门在处理专利侵权纠纷时主要是认定侵权是否成立,本条第2款赋予其与之相适应的必要职权,即询问调查权、现场检查权、产品检查权;同时,本法并未赋予管理专利工作的部门查阅、复制权和查封、扣押权。

3.当事人的配合义务

负责专利执法的部门、管理专利工作的部门依法行使职权受法律保护,有关当事人应当予以协助、配合,接受询问调查,如实提供有关情况和资料,配合负责专利执法的部门、管理专利工作的部门检查有关场所和产品等,不得以任何理由拒绝,甚至以暴力、威胁或者其他手段阻挠负责专利执法的部门、管理专利工作的部门依法行使职权。

第七十条 【专利侵权纠纷行政管辖权】国务院专利行政部门可以应专利权人或者利害关系人的请求处理在全国有重大影响的专利侵权纠纷。

地方人民政府管理专利工作的部门应专利权人或者利害关系人请求处理专利侵权纠纷,对在本行政区域内侵犯其同一专利权的案件可以合并处理;对跨区域侵犯其同一专利权的案件可以请求上级地方人民政府管理专利工作的部门处理。

条文注释

本条是关于专利侵权纠纷行政管辖的规定。

1.国务院专利行政部门处理专利侵权纠纷的行政管辖权范围

国务院专利行政部门处理专利侵权纠纷,必须满足以下前提条件:(1)专利权人或者利害关系人提出由国务院专利行政部门处理专利侵权纠纷的请求。专利权是私权,如何维权应当由专利权人或者利害关系人自行选择。如果专利权人或者利害关系人没有提出请求,国务院专利行政部门不得主动处理专利侵权纠纷。(2)该专利侵权纠纷在全国有重大影响。对于不属于在全国有重大影响的案件,即使专利权人或者利害关系人提出请求,国务院专利行政部门也不得处理。有下列情形之一的,属于在全国有重大影响的专利侵权纠纷:(1)涉及重大公共利益的;(2)对行业发展有重大影响的;(3)跨省、自治区、直辖市区域的重大案件;(4)国务院专利行政部门认为可能有重大影响的其他情形。

2. 地方人民政府管理专利工作的部门处理专利侵权纠纷的行政管辖权范围

(1)地方人民政府管理专利工作的部门可以应专利权人或者利害关系人请求处理专利侵权纠纷。如果专利权人或者利害关系人没有提出请求,地方人民政府管理专利工作的部门不得主动处理专利侵权纠纷。

(2)实践中,有时会发生众多侵权人侵犯同一专利权的案件,如果由专利权人自行逐一起诉,维权成本较高、难度较大。为充分发挥行政机关处理专利侵权纠纷效率高的优势,本条第2款对此类案件的合并审理作了规定。如果这些案件都发生在本行政区域内,专利权人或者利害关系人可以请求地方人民政府管理专利工作的部门合并处理;如果这些案件超出了受理案件的地方人民政府管理专利工作的部门管理的行政区域,专利权人或者利害关系人可以请求上级地方人民政府管理专利工作的部门处理。对于跨省又尚不构成在全国有重大影响的专利侵权纠纷,可以由相关省级管理专利工作的部门之间协调处理权限,或者由国务院专利行政部门协调、指定处理权限。

关联法规

《专利法实施细则》第96条

第七十一条 【侵犯专利权赔偿数额计算方法】侵犯专利权的赔偿数额按照权利人因被侵权所受到的实际损失或者侵权人因侵权所获得的利益确定;权利人的损失或者侵权人获得的利益难以确定的,参照该专利许可使用费的倍数合理确定。对故意侵犯专利权,情节严重的,可以在按照上述方法确定数额的一倍以上五倍以下确定赔偿数额。

权利人的损失、侵权人获得的利益和专利许可使用费均难以确定的,人民法院可以根据专利权的类型、侵权行为的性质和情节等因素,确定给予三万元以上五百万元以下的赔偿。

赔偿数额还应当包括权利人为制止侵权行为所支付的合理开支。

人民法院为确定赔偿数额,在权利人已经尽力举证,而与侵权行为相关的账簿、资料主要由侵权人掌握的情况下,可以责令侵权人提供与侵权行为相关的账簿、资料;侵权人不提供或者提供虚假的账簿、资料的,人民法院可以参考权利人的主张和提供的证据判定赔偿数额。

条文注释

本条是关于侵犯专利权赔偿数额计算方法的规定。

1. 关于专利侵权损害赔偿数额的基础计算方法

对于人民法院在审理专利侵权纠纷案件时,或者管理专利工作的部门应当事人的请求对侵犯专利权的赔偿数额进行调解时,应当如何确定侵权损害赔偿的数额,本条规定了以下三种基本计算方法:

(1)按照权利人因被侵权所受到的实际损失确定。在司法实践中,权利人因被侵权所受到的实际损失,可以根据专利权人的专利产品因侵权所造成销售量减少的总数乘以每件专利产品的合理利润所得之积计算;权利人销售量减少的总数难以确定的,侵权产品在市场上销售的总数乘以每件专利产品的合理利润所得之积可以视为权利人因被侵权所受到的实际损失。

(2) 按照侵权人因侵权所获得的利益确定。在司法实践中,侵权人因侵权所获得的利益可以根据该侵权产品在市场上销售的总数乘以每件侵权产品的合理利润所得之积计算。侵权人因侵权所获得的利益一般按照侵权人的营业利润计算,对于完全以侵权为业的侵权人,可以按照销售利润计算。

(3) 参照该专利许可使用费的倍数合理确定。这里所说的"专利许可使用费",应是指普通专利许可使用的使用费。至于"倍数"的具体数额,本法未作具体规定。需要由人民法院或者管理专利工作的部门根据案件的具体情况,按照能够使专利权人因侵权行为受到的实际损失得到充分的赔偿,使侵权人不能因侵权行为得到任何好处的原则,合理确定。

2. 关于惩罚性赔偿

惩罚性赔偿,是加害人给付受害人超过其实际损害数额的一种金钱赔偿,是一种集补偿、制裁、遏制等功能于一身的制度。

对故意侵犯专利权,情节严重的,可以在按照上述方法确定数额的 1 倍以上 5 倍以下确定赔偿数额。适用这一规定,需要把握以下几点。(1) 适用惩罚性赔偿的前提条件是,侵权人故意侵犯专利权,且情节严重。(2) 惩罚性赔偿的基数是通过三种基础计算方法计算出来的专利侵权损害赔偿数额,即权利人因侵权受到的损失、侵权人因侵权获得的利益或者专利许可使用费的合理倍数。(3) 惩罚性赔偿的倍数是 1 倍以上 5 倍以下。设置如此高的倍数,充分体现了我国加强专利权保护的决心。

3. 关于法定赔偿

本条第 2 款规定了法定赔偿制度。适用这一规定,需要把握以下几点:(1) 适用法定赔偿的前提条件是,权利人的损失、侵权人获得的利益和专利许可使用费均难以确定。法定赔偿只是难以准确计算出侵权损害赔偿数额时的一种不得已的替代方法,在具体诉讼实践中还是应通过各种方法尽量查明损失、获益等情况,以切实有效保护权利人的合法权益。(2)确定法定赔偿数额,应当考虑专利权的类型、侵权行为的性质和情节等因素。专利权的类型,主要是指发明专利权、实用新型专利权还是外观设计专利权。侵权行为的性质和情节,包括侵权人的主观过错程度、使用的侵权手段和方式、侵权行为持续的时间、给权利人造成的损害程度等。(3)法定赔偿数额的幅度是3万元以上500万元以下。

4.关于合理开支

本条第3款专门规定,赔偿数额还应当包括权利人为制止侵权行为所支付的合理开支。司法实践中,合理开支一般包括被侵权人或者委托代理人对侵权行为进行调查、取证的合理费用,以及符合国家有关部门规定的律师费用。

5.关于文书提供令(举证妨碍制度)

为了解决专利侵权诉讼中的"举证难"问题,减轻专利权人的举证责任,本条第4款对有关文书提供令进行了规定。适用这一规定,需要把握以下几点:(1)文书提供令制度仅适用于确定侵权损害赔偿数额相关的证据。对于是否构成侵权行为的证据,不适用文书提供令制度。(2)适用文书提供令制度的前提条件如下:一是,权利人已经尽力举证。如果权利人有能力、有条件获取、提供相关证据,而未积极、充分提供,则不适用这一制度。二是,与侵权行为相关的账簿、资料主要由侵权人掌握。例如,侵权商品的产销数量、销售价格、成本费用、利润水平等,一般主要由侵权人掌握。(3)文书提供令的目的是责令侵权人提供与侵权行为相关的账簿、资料。(4)侵权人不提供或者提供虚假的账簿、资料的后果是,人民法院可以参考权利人的主张和提供的证据判定赔偿数额。

第七十二条 【诉前财产保全、行为保全】专利权人或者利害关系人有证据证明他人正在实施或者即将实施侵犯专利权、妨碍其实现权利的行为,如不及时制止将会使其合法权益受到难以弥补的损害的,可以在起诉前依法向人民法院申请采取财产保全、责令作出一定行为或者禁止作出一定行为的措施。

条文注释

本条是关于诉前财产保全、行为保全的规定。

为了保护专利权人和利害关系人的合法权益,本条对诉前保全作了规定。适用这一规定,需要把握以下几点:

(1)诉前保全,是专利权人或者利害关系人在起诉之前就可以向人民法院提出申请。

(2)申请诉前保全的主体,既可以是专利权人,也可以是利害关系人,如专利实施许可合同的被许可人、专利财产权利的合法继承人等。

(3)申请诉前保全,需要满足两个前提条件:一是,专利权人或者利害关系人有证据证明他人正在实施或者即将实施侵犯专利权、妨碍其实现权利的行为。需要注意的是,即使侵权行为尚未实际发生,但专利权人或者利害关系人有证据证明他人即将实施侵权行为的,也可以申请诉前保全。二是,专利权人或者利害关系人有证据证明如不及时制止,该行为将会使其合法权益受到难以弥补的损害。

(4)诉前保全的形式包括两种:一是财产保全,是指人民法院作出裁定,对一方当事人的财产采取查封、扣押、冻结等保全措施,防止该当事人转移、处分被保全的财产,以保证将来生效判决的执行。二是行为保全,是指人民法院作出裁定,责令一方当事人作出一定行为,或者禁止其作出一定行为,防止该当事人正在实施或者将要实施的行为给申请人造成不可弥补的损害。

如禁止被申请人处分标的物、要求被申请人停止实施侵权行为等。

(5)诉前保全的程序,适用《民事诉讼法》的有关规定。

关联法规

《专利法实施细则》第104条

第七十三条 【诉前证据保全】为了制止专利侵权行为,在证据可能灭失或者以后难以取得的情况下,专利权人或者利害关系人可以在起诉前依法向人民法院申请保全证据。

条文注释

本条是关于诉前证据保全的规定。

证据保全,是指在证据可能灭失或者以后难以取得的情况下,人民法院依申请或者依职权予以调查收集和固定保护的行为。

为了加强对专利权的保护,防止侵权人在专利权人起诉前转移、毁灭证据,并与《TRIPS协定》关于临时措施的规定相衔接,本条对诉前证据保全作了规定。适用这一规定,需要把握以下几点:(1)申请诉前证据保全的主体限于专利权人和利害关系人。比较典型的利害关系人有专利实施许可合同的被许可人、专利权人的合法继承人等。(2)申请诉前证据保全的条件为:一是为了制止专利侵权行为;二是证据可能灭失或者以后难以取得。(3)关于申请诉前证据保全的程序,适用《民事诉讼法》的有关规定。

第七十四条 【诉讼时效】侵犯专利权的诉讼时效为三年,自专利权人或者利害关系人知道或者应当知道侵权行为以及侵权人之日起计算。

发明专利申请公布后至专利权授予前使用该发明未支付

> 适当使用费的,专利权人要求支付使用费的诉讼时效为三年,自专利权人知道或者应当知道他人使用其发明之日起计算,但是,专利权人于专利权授予之日前即已知道或者应当知道的,自专利权授予之日起计算。

【条文注释】

本条是关于诉讼时效的规定。

诉讼时效,是指当事人请求人民法院保护自己合法权益的法定的有效期限。在诉讼时效内,人民法院对当事人的权利保护请求予以支持;超过诉讼时效的,人民法院对当事人的权利保护请求不予支持。

1.侵犯专利权的诉讼时效

根据本条第1款的规定,侵犯专利权的诉讼时效为3年,自专利权人或者利害关系人知道或者应当知道侵权行为以及侵权人之日起计算。需要注意的是,诉讼时效起算的前提条件包括两个:一是专利权人或者利害关系人知道或者应当知道侵权行为发生;二是专利权人或者利害关系人知道或者应当知道侵权人是谁。

2.专利权人要求支付临时保护期内使用费的诉讼时效

为了与"临时保护"制度相配套,本条第2款规定,发明专利申请公布后至专利权授予前使用该发明未支付适当使用费的,专利权人要求支付使用费的诉讼时效为3年,自专利权人知道或者应当知道他人使用其发明之日起计算,但是,专利权人于专利权授予之日前即已知道或者应当知道的,自专利权授予之日起计算。适用这一规定,需要把握以下几点:

(1)发明专利申请公布后,申请人可以要求实施其发明的单位或者个人支付适当的费用;但是,如果使用人不支付,只有专利权被授予,申请人转变为专利权人后,才可以向人民法院提起要求支付临时保护期内使用费的诉讼。

（2）诉讼时效起算的前提条件是专利权人或者利害关系人知道或者应当知道他人使用其发明，包括两层含义：一是知道或者应当知道其发明被他人使用；二是知道或者应当知道使用人是谁。

（3）诉讼时效的起算时点包括两种情况：一是专利权人于专利权授予后才知道或者应当知道他人使用其发明，诉讼时效自知道或者应当知道他人使用其发明之日起计算；二是专利权人于专利权授予之日前即已知道或者应当知道的，诉讼时效自专利权授予之日起计算。

除了本条规定的诉讼时效期间外，其他相关事宜应当遵守《民法典》的有关规定。

第七十五条　【不视为侵犯专利权】有下列情形之一的，不视为侵犯专利权：

（一）专利产品或者依照专利方法直接获得的产品，由专利权人或者经其许可的单位、个人售出后，使用、许诺销售、销售、进口该产品的；

（二）在专利申请日前已经制造相同产品、使用相同方法或者已经作好制造、使用的必要准备，并且仅在原有范围内继续制造、使用的；

（三）临时通过中国领陆、领水、领空的外国运输工具，依照其所属国同中国签订的协议或者共同参加的国际条约，或者依照互惠原则，为运输工具自身需要而在其装置和设备中使用有关专利的；

（四）专为科学研究和实验而使用有关专利的；

（五）为提供行政审批所需要的信息，制造、使用、进口专利药品或者专利医疗器械的，以及专门为其制造、进口专利药品或者专利医疗器械的。

条文注释

本条是关于不视为侵犯专利权的情形的规定。

专利权具有独占性质。但在某些情况下,未经专利权人许可而实施其专利的行为,具有一定的合理性,法律上将其"不视为"侵犯专利权。这是对专利权的一种合理性限制,目的是在合理保护专利权人合法权益的前提下,同时保护社会及公众的利益。

依照本条规定,不视为侵犯专利权的情形包括:

(1) 专利权人对其专利具有独占权,但其专利产品在合法售出(包括专利权人自己售出或者经专利权人许可的人售出)后,专利权权利即为用尽,对这些产品的使用、许诺销售、销售等行为不再需要经过专利权人的许可,购买者可自由处置。

专利权权利用尽包括国内用尽、地区用尽、国际用尽。根据"国际用尽"的原则,将合法售出的专利产品进口到专利权人取得专利权的其他国家,无须经过该专利权人的同意,这通常被称为允许"平行进口"。"平行",是指他人不需要经过专利权人同意的进口权,与专利权人的进口权并存。

(2) 先用权人的实施权。需要说明的是,先用权人不视为侵犯专利权的行为,只限于在原有范围内继续制造和使用。原有范围,包括专利申请日前已有的生产规模,以及利用已有的生产设备或者根据已有的生产准备可以达到的生产规模。超过原有的范围内制造和使用的,则属于侵犯专利权的行为。

(3) 外国运输工具临时过境,即"临时通过中国领陆、领水、领空的外国运输工具,依照其所属国同中国签订的协议或者共同参加的国际条约,或者依照互惠原则,为运输工具自身需要而在其装置和设备中使用有关专利的",不视为侵犯专利权。

(4) 科学研究。其目的是鼓励进行科学技术研究。但限于"专为"进行科学研究和科学实验,即仅限于不是为了生产经营、不以营利为目的的科研活动。

（5）Bolar例外，即"为提供行政审批所需要的信息，制造、使用、进口专利药品或者专利医疗器械的，以及专门为其制造、进口专利药品或者专利医疗器械的"，不视为侵犯专利权。对获得专利的药品和医疗器械，仿制企业（非专利权人）为了在专利权保护期届满后及时推出仿制品，往往需要在专利有效期内制造、使用或进口这些药品或器械，以从事研究、分析等活动，提前获得审批需要的数据和信息。

> **第七十六条　【药品专利纠纷早期解决机制】**药品上市审评审批过程中，药品上市许可申请人与有关专利权人或者利害关系人，因申请注册的药品相关的专利权产生纠纷的，相关当事人可以向人民法院起诉，请求就申请注册的药品相关技术方案是否落入他人药品专利权保护范围作出判决。国务院药品监督管理部门在规定的期限内，可以根据人民法院生效裁判作出是否暂停批准相关药品上市的决定。
>
> 　　药品上市许可申请人与有关专利权人或者利害关系人也可以就申请注册的药品相关的专利权纠纷，向国务院专利行政部门请求行政裁决。
>
> 　　国务院药品监督管理部门会同国务院专利行政部门制定药品上市许可审批与药品上市许可申请阶段专利权纠纷解决的具体衔接办法，报国务院同意后实施。

条文注释

本条是关于药品专利纠纷早期解决机制，即药品专利链接制度的规定。

本条第1款规定，药品上市审评审批过程中，药品上市许可申请人与有关专利权人或者利害关系人，因申请注册的药品相关的专利权产生纠纷的，相关当事人可以向人民法院起诉，请求就申请注册的药品相关技术方案是否落入他人药品专利权保护范围作出判决。适用这一规定,需要把握以下几点:(1)药品专利纠纷早期解决机制适用于药品上市审评审批过程中。对于已经通过上市审评审批的药品,涉嫌侵犯专利权的,专利权人或者利害关系人可以另行提起侵权之诉,但不适用药品专利纠纷早期解决机制。(2)药品专利纠纷早期解决机制适用于因申请注册的药品"相关的专利权"产生的纠纷。在我国,哪些种类药品的哪些专利权适用药品专利链接制度,还需要在相关配套规定中进一步明确。(3)纠纷解决方式是向人民法院起诉。(4)诉讼的当事人一方是在后药品(主要是仿制药)的上市许可申请人,另一方是有关在先专利的专利权人或者利害关系人。其中,利害关系人主要是指相关专利权的被许可人。(5)诉由是请求人民法院就申请注册的药品相关技术方案是否落入他人药品专利权保护范围作出判决。这是一种特殊的确认之诉,本款规定为其提供了明确的法律依据。需要说明的是,虽然学理上将此称为"拟制侵权",但是这并非真正的侵权行为,不适用有关侵权救济的规定。

长期以来,我国对专利权采取司法和行政保护"双轨制",专利行政部门和人民法院一样,也有处理专利纠纷的经验,有能力对就申请注册的药品相关技术方案是否落入他人药品专利权保护范围作出判断。因此,本条第2款规定,药品上市许可申请人与有关专利权人或者利害关系人也可以就申请注册的药品相关的专利权纠纷,向国务院专利行政部门请求行政裁决。

第七十七条 【专利侵权纠纷中合法来源抗辩】为生产经营目的使用、许诺销售或者销售不知道是未经专利权人许可而制造并售出的专利侵权产品,能证明该产品合法来源的,不承担赔偿责任。

条文注释

本条是关于专利侵权纠纷中合法来源抗辩的规定。

为生产经营目的使用、许诺销售或者销售不知道是未经专利权人许可而制造并售出的专利侵权产品并能证明该产品合法来源的行为,属于侵权行为,但考虑到这种行为主观上不存在恶意,且危害较小,一般予以制止即可,故本条规定,这种行为不承担赔偿责任。适用本条规定,应当把握以下几点:

(1)本法第11条规定的实施专利权的行为包括制造、使用、许诺销售、销售、进口行为,但不承担赔偿责任的行为仅限于为生产经营目的使用、许诺销售或者销售的行为,不包括制造或者进口专利侵权产品的行为。

(2)不承担赔偿责任的侵权人,应当能够同时证明:一是,本人确实不知道自己使用、许诺销售或者销售的产品是专利侵权产品;此处的"不知道",是指实际不知道且不应当知道。如果行为人知道或者应当知道存在侵权行为,就应当承担赔偿责任。二是,该产品有合法来源,即通过合法的销售渠道、通常的买卖合同等正常商业方式取得产品。如果行为人无法提供产品来源,或者所提供的产品来源不合法,就应当承担赔偿责任。

(3)本条规定的情形,仍属于侵犯专利权的行为,法律上只是因其善意行为而免予承担赔偿责任。此时侵权人应当立即停止侵权行为,否则就构成故意侵权,应当依法承担侵犯他人专利权的责任。

第七十八条 【向外国申请专利泄露国家秘密的法律责任】违反本法第十九条规定向外国申请专利,泄露国家秘密的,由所在单位或者上级主管机关给予行政处分;构成犯罪的,依法追究刑事责任。

关联法规

《刑法》第398条;《保守国家秘密法》第57~62条

第七十九条 【禁止管理专利工作的部门向社会推荐专利产品及其法律责任】管理专利工作的部门不得参与向社会推荐专利产品等经营活动。

管理专利工作的部门违反前款规定的,由其上级机关或者监察机关责令改正,消除影响,有违法收入的予以没收;情节严重的,对直接负责的主管人员和其他直接责任人员依法给予处分。

条文注释

本条是关于禁止管理专利工作的部门参与向社会推荐专利产品等经营活动,以及违反这一规定应承担的法律责任的规定。

管理专利工作的部门作为依法对专利工作实施行政管理的国家机关,应当依法公正地履行对专利工作的行政管理职责,保护专利权人的合法权益和社会公共利益。专利产品的好坏,应当由市场和消费者来判断,不应由某个国家机关来确定、推荐,否则,可能影响市场上的公平竞争。至于管理专利工作的部门以其他方式参与专利产品的经营活动,更与管理专利工作部门的性质不符,损害国家机关的形象,影响管理专利工作的客观性、公正性,还可能产生腐败行为。为此,本条第1款明确规定,禁止管理专利工作的部门参与向社会推荐专利产品等经营活动。对违反者将依法追究其法律责任。需要说明的是,本条的规定,并不影响管理专利工作的部门通过举行专利技术成果展览会或其他方式,无偿向社会宣传推荐优秀的专利技术成果。

根据本条第2款的规定,管理专利工作的部门参与向社会推荐专利产品等经营活动应承担以下法律责任:(1)责令改正,消除影响,没收违法收入。即由管理专利工作的部门的上级机关或者监察机关要求违法单位及其相关人员停止自己的行为,收回已经作出的推荐文件或者口头要求,消除违法行为产生的不良影响。如果管理专利工作的部门及其相关人员有违法收入，该违法收入由上级机关或者监察机关予以没收，没收的违法收入应按规定上缴财政。(2)处分。如果管理专利工作的部门违法参与推荐专利产品等经营活动，情节严重，造成恶劣影响，应依照《监察法》《公务员法》《公职人员政务处分法》等法律、行政法规的规定，对直接负责的主管人员和其他直接责任人员分别按照各自的情节，给予警告、记过、记大过、降级、撤职或者开除的处分。

第八十条 【国家机关工作人员渎职行为的法律责任】从事专利管理工作的国家机关工作人员以及其他有关国家机关工作人员玩忽职守、滥用职权、徇私舞弊，构成犯罪的，依法追究刑事责任；尚不构成犯罪的，依法给予处分。

条文注释

本条是关于国家机关工作人员渎职行为应承担的法律责任的规定。

从事专利管理工作的国家机关工作人员以及其他有关国家机关工作人员，既包括国务院专利行政部门的工作人员、管理专利工作的部门的工作人员和负责专利执法的部门的工作人员，也包括依法管理与专利有关公务的其他有关国家机关的工作人员，如依照《知识产权海关保护条例》负责知识产权海关保护的海关工作人员等。

本条所称的"玩忽职守"，是指从事专利管理工作的国家机关工作人员以及其他有关国家机关工作人员在专利管理工作中严重不负责任，不履行或者不认真履行职责，致使公共财产、国家和人民利益遭受重大损失的行为。本条所称的"滥用职权"，是指从事专利管理工作的国家机关工作人员以及其他有关国家机关工作人员在专利管理工作中超越职权，违法决定、处理其无权决定、处理的事项,或者违反规定处理公务,致使公共财产、国家和人民利益遭受重大损失的行为。本条所称的"徇私舞弊",是指从事专利管理工作的国家机关工作人员以及其他有关国家机关工作人员为了个人或者亲友私利而弄虚作假致使公共财产、国家和人民利益遭受重大损失的行为。

根据本条规定,从事专利管理工作的国家机关工作人员以及其他有关国家机关工作人员玩忽职守、滥用职权、徇私舞弊,构成犯罪的,依法追究刑事责任。

根据本条规定,从事专利管理工作的国家机关工作人员以及其他有关国家机关工作人员玩忽职守、滥用职权、徇私舞弊,没有构成犯罪的,依法给予处分。应依照《监察法》《公务员法》《公职人员政务处分法》等法律、法规的规定,对直接负责的主管人员和其他直接责任人员分别按照各自的情节,给予警告、记过、记大过、降级、撤职或者开除的处分。

关联法规

《刑法》第 397 条

第八章 附 则

第八十一条 【专利费用】向国务院专利行政部门申请专利和办理其他手续,应当按照规定缴纳费用。

条文注释

本条是关于申请专利和办理其他手续应当按照规定缴纳费用的规定。

向国务院专利行政部门申请专利和办理其他手续时,应当缴纳下列费用:(1)申请费、申请附加费、公布印刷费、优先权要求费;(2)发明专利申请实质审查费、复审费;(3)年费;(4)恢复权利请求费、延长期限请求费;(5)著录事项变更费、专利权评价报告请求费、无效宣告请求费、专利文件副本证明费。前述所列各种费用的缴纳标准,由国务院发展改革部门、财政部门会同国务院专利行政部门按照职责分工规定。国务院财政部门、发展改革部门可以会同国务院专利行政部门根据实际情况对申请专利和办理其他手续应当缴纳的费用种类和标准进行调整。

关联法规

《专利法实施细则》第 110~117 条

第八十二条 【施行日期】本法自 1985 年 4 月 1 日起施行。

附录

中华人民共和国专利法实施细则

（2001年6月15日国务院令第306号公布　根据2002年12月28日国务院令第368号《关于修改〈中华人民共和国专利法实施细则〉的决定》第一次修订　根据2010年1月9日国务院令第569号《关于修改〈中华人民共和国专利法实施细则〉的决定》第二次修订　根据2023年12月11日国务院令第769号《关于修改〈中华人民共和国专利法实施细则〉的决定》第三次修订）

第一章　总　　则

第一条　根据《中华人民共和国专利法》（以下简称专利法），制定本细则。

第二条　专利法和本细则规定的各种手续，应当以书面形式或者国务院专利行政部门规定的其他形式办理。以电子数据交换等方式能够有形地表现所载内容，并可以随时调取查用的数据电文（以下统称电子形式），视为书面形式。

第三条　依照专利法和本细则规定提交的各种文件应当使用中文；国家有统一规定的科技术语的，应当采用规范词；外国人名、地名和科技术语没有统一中文译文的，应当注明原文。

依照专利法和本细则规定提交的各种证件和证明文件是外文的，国务院专利行政部门认为必要时，可以要求当事人在指定期限内附送中文译文；期满未附送的，视为未提交该证件和证明文件。

第四条 向国务院专利行政部门邮寄的各种文件,以寄出的邮戳日为递交日;邮戳日不清晰的,除当事人能够提出证明外,以国务院专利行政部门收到日为递交日。

以电子形式向国务院专利行政部门提交各种文件的,以进入国务院专利行政部门指定的特定电子系统的日期为递交日。

国务院专利行政部门的各种文件,可以通过电子形式、邮寄、直接送交或者其他方式送达当事人。当事人委托专利代理机构的,文件送交专利代理机构;未委托专利代理机构的,文件送交请求书中指明的联系人。

国务院专利行政部门邮寄的各种文件,自文件发出之日起满 15 日,推定为当事人收到文件之日。当事人提供证据能够证明实际收到文件的日期的,以实际收到日为准。

根据国务院专利行政部门规定应当直接送交的文件,以交付日为送达日。

文件送交地址不清,无法邮寄的,可以通过公告的方式送达当事人。自公告之日起满 1 个月,该文件视为已经送达。

国务院专利行政部门以电子形式送达的各种文件,以进入当事人认可的电子系统的日期为送达日。

第五条 专利法和本细则规定的各种期限开始的当日不计算在期限内,自下一日开始计算。期限以年或者月计算的,以其最后一月的相应日为期限届满日;该月无相应日的,以该月最后一日为期限届满日;期限届满日是法定休假日的,以休假日后的第一个工作日为期限届满日。

第六条 当事人因不可抗拒的事由而延误专利法或者本细则规定的期限或者国务院专利行政部门指定的期限,导致其权利丧失的,自障碍消除之日起 2 个月内且自期限届满之日起 2 年内,可以向国务院专利行政部门请求恢复权利。

除前款规定的情形外,当事人因其他正当理由延误专利法或者本细则规定的期限或者国务院专利行政部门指定的期限,导致其权利丧失的,可以自收到国务院专利行政部门的通知之日起 2 个月内向国务院专利行政部门请求恢复权利;但是,延误复审请求期限的,可以自复审请求期限届满之日起 2 个月内向国务院专利行政部门请求恢复权利。

当事人依照本条第一款或者第二款的规定请求恢复权利的,应当提交恢复权利请求书,说明理由,必要时附具有关证明文件,并办理权利丧失前应当办理的相应手续;依照本条第二款的规定请求恢复权利的,还应当缴纳恢复权利请求费。

当事人请求延长国务院专利行政部门指定的期限的,应当在期限届满前,向国务院专利行政部门提交延长期限请求书,说明理由,并办理有关手续。

本条第一款和第二款的规定不适用专利法第二十四条、第二十九条、第四十二条、第七十四条规定的期限。

第七条 专利申请涉及国防利益需要保密的,由国防专利机构受理并进行审查;国务院专利行政部门受理的专利申请涉及国防利益需要保密的,应当及时移交国防专利机构进行审查。经国防专利机构审查没有发现驳回理由的,由国务院专利行政部门作出授予国防专利权的决定。

国务院专利行政部门认为其受理的发明或者实用新型专利申请涉及国防利益以外的国家安全或者重大利益需要保密的,应当及时作出按照保密专利申请处理的决定,并通知申请人。保密专利申请的审查、复审以及保密专利权无效宣告的特殊程序,由国务院专利行政部门规定。

第八条 专利法第十九条所称在中国完成的发明或者实用新型,是指技术方案的实质性内容在中国境内完成的发明或者实用新型。

任何单位或者个人将在中国完成的发明或者实用新型向外国申请专利的,应当按照下列方式之一请求国务院专利行政部门进行保密审查:

(一)直接向外国申请专利或者向有关国外机构提交专利国际申请的,应当事先向国务院专利行政部门提出请求,并详细说明其技术方案;

(二)向国务院专利行政部门申请专利后拟向外国申请专利或者向有关国外机构提交专利国际申请的,应当在向外国申请专利或者向有关国外机构提交专利国际申请前向国务院专利行政部门提出请求。

向国务院专利行政部门提交专利国际申请的,视为同时提出了保密审查请求。

第九条 国务院专利行政部门收到依照本细则第八条规定递交的请求后,经过审查认为该发明或者实用新型可能涉及国家安全或者重大利益需要保密的,应当在请求递交日起2个月内向申请人发出保密审查通知;情况复杂的,可以延长2个月。

国务院专利行政部门依照前款规定通知进行保密审查的,应当在请求递交日起 4 个月内作出是否需要保密的决定,并通知申请人;情况复杂的,可以延长 2 个月。

第十条 专利法第五条所称违反法律的发明创造,不包括仅其实施为法律所禁止的发明创造。

第十一条 申请专利应当遵循诚实信用原则。提出各类专利申请应当以真实发明创造活动为基础,不得弄虚作假。

第十二条 除专利法第二十八条和第四十二条规定的情形外,专利法所称申请日,有优先权的,指优先权日。

本细则所称申请日,除另有规定的外,是指专利法第二十八条规定的申请日。

第十三条 专利法第六条所称执行本单位的任务所完成的职务发明创造,是指:

(一)在本职工作中作出的发明创造;

(二)履行本单位交付的本职工作之外的任务所作出的发明创造;

(三)退休、调离原单位后或者劳动、人事关系终止后 1 年内作出的,与其在原单位承担的本职工作或者原单位分配的任务有关的发明创造。

专利法第六条所称本单位,包括临时工作单位;专利法第六条所称本单位的物质技术条件,是指本单位的资金、设备、零部件、原材料或者不对外公开的技术信息和资料等。

第十四条 专利法所称发明人或者设计人,是指对发明创造的实质性特点作出创造性贡献的人。在完成发明创造过程中,只负责组织工作的人、为物质技术条件的利用提供方便的人或者从事其他辅助工作的人,不是发明人或者设计人。

第十五条 除依照专利法第十条规定转让专利权外,专利权因其他事由发生转移的,当事人应当凭有关证明文件或者法律文书向国务院专利行政部门办理专利权转移手续。

专利权人与他人订立的专利实施许可合同,应当自合同生效之日起 3 个月内向国务院专利行政部门备案。

以专利权出质的,由出质人和质权人共同向国务院专利行政部门办理出质登记。

第十六条 专利工作应当贯彻党和国家知识产权战略部署,提升我国专利创造、运用、保护、管理和服务水平,支持全面创新,促进创新型国家建设。

国务院专利行政部门应当提升专利信息公共服务能力,完整、准确、及时发布专利信息,提供专利基础数据,促进专利相关数据资源的开放共享、互联互通。

第二章 专利的申请

第十七条 申请专利的,应当向国务院专利行政部门提交申请文件。申请文件应当符合规定的要求。

申请人委托专利代理机构向国务院专利行政部门申请专利和办理其他专利事务的,应当同时提交委托书,写明委托权限。

申请人有2人以上且未委托专利代理机构的,除请求书中另有声明的外,以请求书中指明的第一申请人为代表人。

第十八条 依照专利法第十八条第一款的规定委托专利代理机构在中国申请专利和办理其他专利事务的,涉及下列事务,申请人或者专利权人可以自行办理:

(一)申请要求优先权的,提交第一次提出的专利申请(以下简称在先申请)文件副本;

(二)缴纳费用;

(三)国务院专利行政部门规定的其他事务。

第十九条 发明、实用新型或者外观设计专利申请的请求书应当写明下列事项:

(一)发明、实用新型或者外观设计的名称;

(二)申请人是中国单位或者个人的,其名称或者姓名、地址、邮政编码、统一社会信用代码或者身份证件号码;申请人是外国人、外国企业或者外国其他组织的,其姓名或者名称、国籍或者注册的国家或者地区;

(三)发明人或者设计人的姓名;

(四)申请人委托专利代理机构的,受托机构的名称、机构代码以及该机构指定的专利代理师的姓名、专利代理师资格证号码、联系电话;

(五)要求优先权的,在先申请的申请日、申请号以及原受理机构的名称；

（六）申请人或者专利代理机构的签字或者盖章；

（七）申请文件清单；

（八）附加文件清单；

（九）其他需要写明的有关事项。

第二十条 发明或者实用新型专利申请的说明书应当写明发明或者实用新型的名称，该名称应当与请求书中的名称一致。说明书应当包括下列内容：

（一）技术领域：写明要求保护的技术方案所属的技术领域；

（二）背景技术：写明对发明或者实用新型的理解、检索、审查有用的背景技术；有可能的，并引证反映这些背景技术的文件；

（三）发明内容：写明发明或者实用新型所要解决的技术问题以及解决其技术问题采用的技术方案，并对照现有技术写明发明或者实用新型的有益效果；

（四）附图说明：说明书有附图的，对各幅附图作简略说明；

（五）具体实施方式：详细写明申请人认为实现发明或者实用新型的优选方式；必要时，举例说明；有附图的，对照附图。

发明或者实用新型专利申请人应当按照前款规定的方式和顺序撰写说明书，并在说明书每一部分前面写明标题，除非其发明或者实用新型的性质用其他方式或者顺序撰写能节约说明书的篇幅并使他人能够准确理解其发明或者实用新型。

发明或者实用新型说明书应当用词规范、语句清楚，并不得使用"如权利要求……所述的……"一类的引用语，也不得使用商业性宣传用语。

发明专利申请包含一个或者多个核苷酸或者氨基酸序列的，说明书应当包括符合国务院专利行政部门规定的序列表。

实用新型专利申请说明书应当有表示要求保护的产品的形状、构造或者其结合的附图。

第二十一条 发明或者实用新型的几幅附图应当按照"图1，图2，……"顺序编号排列。

发明或者实用新型说明书文字部分中未提及的附图标记不得在附图中出现，附图中未出现的附图标记不得在说明书文字部分中提及。申请文件中表示同一组成部分的附图标记应当一致。

附图中除必需的词语外,不应当含有其他注释。

第二十二条　权利要求书应当记载发明或者实用新型的技术特征。

权利要求书有几项权利要求的,应当用阿拉伯数字顺序编号。

权利要求书中使用的科技术语应当与说明书中使用的科技术语一致,可以有化学式或者数学式,但是不得有插图。除绝对必要的外,不得使用"如说明书……部分所述"或者"如图……所示"的用语。

权利要求中的技术特征可以引用说明书附图中相应的标记,该标记应当放在相应的技术特征后并置于括号内,便于理解权利要求。附图标记不得解释为对权利要求的限制。

第二十三条　权利要求书应当有独立权利要求,也可以有从属权利要求。

独立权利要求应当从整体上反映发明或者实用新型的技术方案,记载解决技术问题的必要技术特征。

从属权利要求应当用附加的技术特征,对引用的权利要求作进一步限定。

第二十四条　发明或者实用新型的独立权利要求应当包括前序部分和特征部分,按照下列规定撰写:

(一)前序部分:写明要求保护的发明或者实用新型技术方案的主题名称和发明或者实用新型主题与最接近的现有技术共有的必要技术特征;

(二)特征部分:使用"其特征是……"或者类似的用语,写明发明或者实用新型区别于最接近的现有技术的技术特征。这些特征和前序部分写明的特征合在一起,限定发明或者实用新型要求保护的范围。

发明或者实用新型的性质不适于用前款方式表达的,独立权利要求可以用其他方式撰写。

一项发明或者实用新型应当只有一个独立权利要求,并写在同一发明或者实用新型的从属权利要求之前。

第二十五条　发明或者实用新型的从属权利要求应当包括引用部分和限定部分,按照下列规定撰写:

(一)引用部分:写明引用的权利要求的编号及其主题名称;

(二)限定部分:写明发明或者实用新型附加的技术特征。

从属权利要求只能引用在前的权利要求。引用两项以上权利要求的多项从属权利要求，只能以择一方式引用在前的权利要求，并不得作为另一项多项从属权利要求的基础。

第二十六条 说明书摘要应当写明发明或者实用新型专利申请所公开内容的概要，即写明发明或者实用新型的名称和所属技术领域，并清楚地反映所要解决的技术问题、解决该问题的技术方案的要点以及主要用途。

说明书摘要可以包含最能说明发明的化学式；有附图的专利申请，还应当在请求书中指定一幅最能说明该发明或者实用新型技术特征的说明书附图作为摘要附图。摘要中不得使用商业性宣传用语。

第二十七条 申请专利的发明涉及新的生物材料，该生物材料公众不能得到，并且对该生物材料的说明不足以使所属领域的技术人员实施其发明的，除应当符合专利法和本细则的有关规定外，申请人还应当办理下列手续：

（一）在申请日前或者最迟在申请日（有优先权的，指优先权日），将该生物材料的样品提交国务院专利行政部门认可的保藏单位保藏，并在申请时或者最迟自申请日起4个月内提交保藏单位出具的保藏证明和存活证明；期满未提交证明的，该样品视为未提交保藏；

（二）在申请文件中，提供有关该生物材料特征的资料；

（三）涉及生物材料样品保藏的专利申请应当在请求书和说明书中写明该生物材料的分类命名（注明拉丁文名称）、保藏该生物材料样品的单位名称、地址、保藏日期和保藏编号；申请时未写明的，应当自申请日起4个月内补正；期满未补正的，视为未提交保藏。

第二十八条 发明专利申请人依照本细则第二十七条的规定保藏生物材料样品的，在发明专利申请公布后，任何单位或者个人需要将该专利申请所涉及的生物材料作为实验目的使用的，应当向国务院专利行政部门提出请求，并写明下列事项：

（一）请求人的姓名或者名称和地址；

（二）不向其他任何人提供该生物材料的保证；

（三）在授予专利权前，只作为实验目的使用的保证。

第二十九条 专利法所称遗传资源，是指取自人体、动物、植物或者微生物等含有遗传功能单位并具有实际或者潜在价值的材料和利用此类材料产生的遗传信息；专利法所称依赖遗传资源完成的发明创造，是指利用了遗传资源的遗传功能完成的发明创造。

就依赖遗传资源完成的发明创造申请专利的，申请人应当在请求书中予以说明，并填写国务院专利行政部门制定的表格。

第三十条 申请人应当就每件外观设计产品所需要保护的内容提交有关图片或者照片。

申请局部外观设计专利的，应当提交整体产品的视图，并用虚线与实线相结合或者其他方式表明所需要保护部分的内容。

申请人请求保护色彩的，应当提交彩色图片或者照片。

第三十一条 外观设计的简要说明应当写明外观设计产品的名称、用途，外观设计的设计要点，并指定一幅最能表明设计要点的图片或者照片。省略视图或者请求保护色彩的，应当在简要说明中写明。

对同一产品的多项相似外观设计提出一件外观设计专利申请的，应当在简要说明中指定其中一项作为基本设计。

申请局部外观设计专利的，应当在简要说明中写明请求保护的部分，已在整体产品的视图中用虚线与实线相结合方式表明的除外。

简要说明不得使用商业性宣传用语，也不得说明产品的性能。

第三十二条 国务院专利行政部门认为必要时，可以要求外观设计专利申请人提交使用外观设计的产品样品或者模型。样品或者模型的体积不得超过30厘米×30厘米×30厘米，重量不得超过15公斤。易腐、易损或者危险品不得作为样品或者模型提交。

第三十三条 专利法第二十四条第（二）项所称中国政府承认的国际展览会，是指国际展览会公约规定的在国际展览局注册或者由其认可的国际展览会。

专利法第二十四条第（三）项所称学术会议或者技术会议，是指国务院有关主管部门或者全国性学术团体组织召开的学术会议或者技术会议，以及国务院有关主管部门认可的由国际组织召开的学术会议或者技术会议。

申请专利的发明创造有专利法第二十四条第（二）项或者第（三）项所列情形的，申请人应当在提出专利申请时声明，并自申请日起2个月内提交有关发明创造已经展出或者发表，以及展出或者发表日期的证明文件。

申请专利的发明创造有专利法第二十四条第（一）项或者第（四）项所列情形的，国务院专利行政部门认为必要时，可以要求申请人在指定期限内提交证明文件。

申请人未依照本条第三款的规定提出声明和提交证明文件的，或者未依照本条第四款的规定在指定期限内提交证明文件的，其申请不适用专利法第二十四条的规定。

第三十四条　申请人依照专利法第三十条的规定要求外国优先权的，申请人提交的在先申请文件副本应当经原受理机构证明。依照国务院专利行政部门与该受理机构签订的协议，国务院专利行政部门通过电子交换等途径获得在先申请文件副本的，视为申请人提交了经该受理机构证明的在先申请文件副本。要求本国优先权，申请人在请求书中写明在先申请的申请日和申请号的，视为提交了在先申请文件副本。

要求优先权，但请求书中漏写或者错写在先申请的申请日、申请号和原受理机构名称中的一项或者两项内容的，国务院专利行政部门应当通知申请人在指定期限内补正；期满未补正的，视为未要求优先权。

要求优先权的申请人的姓名或者名称与在先申请文件副本中记载的申请人姓名或者名称不一致的，应当提交优先权转让证明材料，未提交该证明材料的，视为未要求优先权。

外观设计专利申请人要求外国优先权，其在先申请未包括对外观设计的简要说明，申请人按照本细则第三十一条规定提交的简要说明未超出在先申请文件的图片或者照片表示的范围的，不影响其享有优先权。

第三十五条　申请人在一件专利申请中，可以要求一项或者多项优先权；要求多项优先权的，该申请的优先权期限从最早的优先权日起计算。

发明或者实用新型专利申请人要求本国优先权，在先申请是发明专利申请的，可以就相同主题提出发明或者实用新型专利申请；在先申请是实用新型专利申请的，可以就相同主题提出实用新型或者发明专利申请。外观设计专利申请人要求本国优先权，在先申请是发明或者实用新型专利申请的，可以就附图显示的设计提出相同主题的外观设计专利申请；在先申请是外观设计专利申请的，可以就相同主题提出外观设计专利申请。但是，提出后一申请时，在先申请的主题有下列情形之一的，不得作为要求本国优先权的基础：

（一）已经要求外国优先权或者本国优先权的；

（二）已经被授予专利权的；

（三）属于按照规定提出的分案申请的。

申请人要求本国优先权的,其在先申请自后一申请提出之日起即视为撤回,但外观设计专利申请人要求以发明或者实用新型专利申请作为本国优先权基础的除外。

第三十六条　申请人超出专利法第二十九条规定的期限,向国务院专利行政部门就相同主题提出发明或者实用新型专利申请,有正当理由的,可以在期限届满之日起 2 个月内请求恢复优先权。

第三十七条　发明或者实用新型专利申请人要求了优先权的,可以自优先权日起 16 个月内或者自申请日起 4 个月内,请求在请求书中增加或者改正优先权要求。

第三十八条　在中国没有经常居所或者营业所的申请人,申请专利或者要求外国优先权的,国务院专利行政部门认为必要时,可以要求其提供下列文件:

(一)申请人是个人的,其国籍证明;

(二)申请人是企业或者其他组织的,其注册的国家或者地区的证明文件;

(三)申请人的所属国,承认中国单位和个人可以按照该国国民的同等条件,在该国享有专利权、优先权和其他与专利有关的权利的证明文件。

第三十九条　依照专利法第三十一条第一款规定,可以作为一件专利申请提出的属于一个总的发明构思的两项以上的发明或者实用新型,应当在技术上相互关联,包含一个或者多个相同或者相应的特定技术特征,其中特定技术特征是指每一项发明或者实用新型作为整体,对现有技术作出贡献的技术特征。

第四十条　依照专利法第三十一条第二款规定,将同一产品的多项相似外观设计作为一件申请提出的,对该产品的其他设计应当与简要说明中指定的基本设计相似。一件外观设计专利申请中的相似外观设计不得超过 10 项。

专利法第三十一条第二款所称同一类别并且成套出售或者使用的产品的两项以上外观设计,是指各产品属于分类表中同一大类,习惯上同时出售或者同时使用,而且各产品的外观设计具有相同的设计构思。

将两项以上外观设计作为一件申请提出的,应当将各项外观设计的顺序编号标注在每件外观设计产品各幅图片或者照片的名称之前。

第四十一条 申请人撤回专利申请的,应当向国务院专利行政部门提出声明,写明发明创造的名称、申请号和申请日。

撤回专利申请的声明在国务院专利行政部门做好公布专利申请文件的印刷准备工作后提出的,申请文件仍予公布;但是,撤回专利申请的声明应当在以后出版的专利公报上予以公告。

第三章 专利申请的审查和批准

第四十二条 在初步审查、实质审查、复审和无效宣告程序中,实施审查和审理的人员有下列情形之一的,应当自行回避,当事人或者其他利害关系人可以要求其回避:

(一)是当事人或者其代理人的近亲属的;
(二)与专利申请或者专利权有利害关系的;
(三)与当事人或者其代理人有其他关系,可能影响公正审查和审理的;
(四)复审或者无效宣告程序中,曾参与原申请的审查的。

第四十三条 国务院专利行政部门收到发明或者实用新型专利申请的请求书、说明书(实用新型必须包括附图)和权利要求书,或者外观设计专利申请的请求书、外观设计的图片或者照片和简要说明后,应当明确申请日、给予申请号,并通知申请人。

第四十四条 专利申请文件有下列情形之一的,国务院专利行政部门不予受理,并通知申请人:

(一)发明或者实用新型专利申请缺少请求书、说明书(实用新型无附图)或者权利要求书的,或者外观设计专利申请缺少请求书、图片或者照片、简要说明的;
(二)未使用中文的;
(三)申请文件的格式不符合规定的;
(四)请求书中缺少申请人姓名或者名称,或者缺少地址的;
(五)明显不符合专利法第十七条或者第十八条第一款的规定的;
(六)专利申请类别(发明、实用新型或者外观设计)不明确或者难以确定的。

第四十五条 发明或者实用新型专利申请缺少或者错误提交权利要求

书、说明书或者权利要求书、说明书的部分内容,但申请人在递交日要求了优先权的,可以自递交日起2个月内或者在国务院专利行政部门指定的期限内以援引在先申请文件的方式补交。补交的文件符合有关规定的,以首次提交文件的递交日为申请日。

第四十六条 说明书中写有对附图的说明但无附图或者缺少部分附图的,申请人应当在国务院专利行政部门指定的期限内补交附图或者声明取消对附图的说明。申请人补交附图的,以向国务院专利行政部门提交或者邮寄附图之日为申请日;取消对附图的说明的,保留原申请日。

第四十七条 两个以上的申请人同日(指申请日;有优先权的,指优先权日)分别就同样的发明创造申请专利的,应当在收到国务院专利行政部门的通知后自行协商确定申请人。

同一申请人在同日(指申请日)对同样的发明创造既申请实用新型专利又申请发明专利的,应当在申请时分别说明对同样的发明创造已申请了另一专利;未作说明的,依照专利法第九条第一款关于同样的发明创造只能授予一项专利权的规定处理。

国务院专利行政部门公告授予实用新型专利权,应当公告申请人已依照本条第二款的规定同时申请了发明专利的说明。

发明专利申请经审查没有发现驳回理由,国务院专利行政部门应当通知申请人在规定期限内声明放弃实用新型专利权。申请人声明放弃的,国务院专利行政部门应当作出授予发明专利权的决定,并在公告授予发明专利权时一并公告申请人放弃实用新型专利权声明。申请人不同意放弃的,国务院专利行政部门应当驳回该发明专利申请;申请人期满未答复的,视为撤回该发明专利申请。

实用新型专利权自公告授予发明专利权之日起终止。

第四十八条 一件专利申请包括两项以上发明、实用新型或者外观设计的,申请人可以在本细则第六十条第一款规定的期限届满前,向国务院专利行政部门提出分案申请;但是,专利申请已经被驳回、撤回或者视为撤回的,不能提出分案申请。

国务院专利行政部门认为一件专利申请不符合专利法第三十一条和本细则第三十九条或者第四十条的规定的,应当通知申请人在指定期限内对其申请进行修改,申请人期满未答复的,该申请视为撤回。

分案的申请不得改变原申请的类别。

第四十九条 依照本细则第四十八条规定提出的分案申请，可以保留原申请日，享有优先权的，可以保留优先权日，但是不得超出原申请记载的范围。

分案申请应当依照专利法及本细则的规定办理有关手续。

分案申请的请求书中应当写明原申请的申请号和申请日。

第五十条 专利法第三十四条和第四十条所称初步审查，是指审查专利申请是否具备专利法第二十六条或者第二十七条规定的文件和其他必要的文件，这些文件是否符合规定的格式，并审查下列各项：

（一）发明专利申请是否明显属于专利法第五条、第二十五条规定的情形，是否不符合专利法第十七条、第十八条第一款、第十九条第一款或者本细则第十一条、第十九条、第二十九条第二款的规定，是否明显不符合专利法第二条第二款、第二十六条第五款、第三十一条第一款、第三十三条或者本细则第二十条至第二十四条的规定；

（二）实用新型专利申请是否明显属于专利法第五条、第二十五条规定的情形，是否不符合专利法第十七条、第十八条第一款、第十九条第一款或者本细则第十一条、第十九条至第二十二条、第二十四条至第二十六条的规定，是否明显不符合专利法第二条第三款、第二十二条、第二十六条第三款、第二十六条第四款、第三十一条第一款、第三十三条或者本细则第二十三条、第四十九条第一款的规定，是否依照专利法第九条规定不能取得专利权；

（三）外观设计专利申请是否明显属于专利法第五条、第二十五条第一款第（六）项规定的情形，是否不符合专利法第十七条、第十八条第一款或者本细则第十一条、第十九条、第三十条、第三十一条的规定，是否明显不符合专利法第二条第四款、第二十三条第一款、第二十三条第二款、第二十七条第二款、第三十一条第二款、第三十三条或者本细则第四十九条第一款的规定，是否依照专利法第九条规定不能取得专利权；

（四）申请文件是否符合本细则第二条、第三条第一款的规定。

国务院专利行政部门应当将审查意见通知申请人，要求其在指定期限内陈述意见或者补正；申请人期满未答复的，其申请视为撤回。申请人陈述意见或者补正后，国务院专利行政部门仍然认为不符合前款所列各项规定的，应当予以驳回。

第五十一条 除专利申请文件外，申请人向国务院专利行政部门提交的与专利申请有关的其他文件有下列情形之一的，视为未提交：
（一）未使用规定的格式或者填写不符合规定的；
（二）未按照规定提交证明材料的。
国务院专利行政部门应当将视为未提交的审查意见通知申请人。

第五十二条 申请人请求早日公布其发明专利申请的，应当向国务院专利行政部门声明。国务院专利行政部门对该申请进行初步审查后，除予以驳回的外，应当立即将申请予以公布。

第五十三条 申请人写明使用外观设计的产品及其所属类别的，应当使用国务院专利行政部门公布的外观设计产品分类表。未写明使用外观设计的产品所属类别或者所写的类别不确切的，国务院专利行政部门可以予以补充或者修改。

第五十四条 自发明专利申请公布之日起至公告授予专利权之日止，任何人均可以对不符合专利法规定的专利申请向国务院专利行政部门提出意见，并说明理由。

第五十五条 发明专利申请人因有正当理由无法提交专利法第三十六条规定的检索资料或者审查结果资料的，应当向国务院专利行政部门声明，并在得到有关资料后补交。

第五十六条 国务院专利行政部门依照专利法第三十五条第二款的规定对专利申请自行进行审查时，应当通知申请人。
申请人可以对专利申请提出延迟审查请求。

第五十七条 发明专利申请人在提出实质审查请求时以及在收到国务院专利行政部门发出的发明专利申请进入实质审查阶段通知书之日起的3个月内，可以对发明专利申请主动提出修改。
实用新型或者外观设计专利申请人自申请日起2个月内，可以对实用新型或者外观设计专利申请主动提出修改。
申请人在收到国务院专利行政部门发出的审查意见通知书后对专利申请文件进行修改的，应当针对通知书指出的缺陷进行修改。
国务院专利行政部门可以自行修改专利申请文件中文字和符号的明显错误。国务院专利行政部门自行修改的，应当通知申请人。

第五十八条 发明或者实用新型专利申请的说明书或者权利要求书的

修改部分,除个别文字修改或者增删外,应当按照规定格式提交替换页。外观设计专利申请的图片或者照片的修改,应当按照规定提交替换页。

第五十九条 依照专利法第三十八条的规定,发明专利申请经实质审查应当予以驳回的情形是指:

(一)申请属于专利法第五条、第二十五条规定的情形,或者依照专利法第九条规定不能取得专利权的;

(二)申请不符合专利法第二条第二款、第十九条第一款、第二十二条、第二十六条第三款、第二十六条第四款、第二十六条第五款、第三十一条第一款或者本细则第十一条、第二十三条第二款规定的;

(三)申请的修改不符合专利法第三十三条规定,或者分案的申请不符合本细则第四十九条第一款的规定的。

第六十条 国务院专利行政部门发出授予专利权的通知后,申请人应当自收到通知之日起2个月内办理登记手续。申请人按期办理登记手续的,国务院专利行政部门应当授予专利权,颁发专利证书,并予以公告。

期满未办理登记手续的,视为放弃取得专利权的权利。

第六十一条 保密专利申请经审查没有发现驳回理由的,国务院专利行政部门应当作出授予保密专利权的决定,颁发保密专利证书,登记保密专利权的有关事项。

第六十二条 授予实用新型或者外观设计专利权的决定公告后,专利法第六十六条规定的专利权人、利害关系人、被控侵权人可以请求国务院专利行政部门作出专利权评价报告。申请人可以在办理专利权登记手续时请求国务院专利行政部门作出专利权评价报告。

请求作出专利权评价报告的,应当提交专利权评价报告请求书,写明专利申请号或者专利号。每项请求应当限于一项专利申请或者专利权。

专利权评价报告请求书不符合规定的,国务院专利行政部门应当通知请求人在指定期限内补正;请求人期满未补正的,视为未提出请求。

第六十三条 国务院专利行政部门应当自收到专利权评价报告请求书后2个月内作出专利权评价报告,但申请人在办理专利权登记手续时请求作出专利权评价报告的,国务院专利行政部门应当自公告授予专利权之日起2个月内作出专利权评价报告。

对同一项实用新型或者外观设计专利权,有多个请求人请求作出专利权评价报告的,国务院专利行政部门仅作出一份专利权评价报告。任何单位或者个人可以查阅或者复制该专利权评价报告。

第六十四条 国务院专利行政部门对专利公告、专利单行本中出现的错误,一经发现,应当及时更正,并对所作更正予以公告。

第四章 专利申请的复审与专利权的无效宣告

第六十五条 依照专利法第四十一条的规定向国务院专利行政部门请求复审的,应当提交复审请求书,说明理由,必要时还应当附具有关证据。

复审请求不符合专利法第十八条第一款或者第四十一条第一款规定的,国务院专利行政部门不予受理,书面通知复审请求人并说明理由。

复审请求书不符合规定格式的,复审请求人应当在国务院专利行政部门指定的期限内补正;期满未补正的,该复审请求视为未提出。

第六十六条 请求人在提出复审请求或者在对国务院专利行政部门的复审通知书作出答复时,可以修改专利申请文件;但是,修改应当仅限于消除驳回决定或者复审通知书指出的缺陷。

第六十七条 国务院专利行政部门进行复审后,认为复审请求不符合专利法和本细则有关规定或者专利申请存在其他明显违反专利法和本细则有关规定情形的,应当通知复审请求人,要求其在指定期限内陈述意见。期满未答复的,该复审请求视为撤回;经陈述意见或者进行修改后,国务院专利行政部门认为仍不符合专利法和本细则有关规定的,应当作出驳回复审请求的复审决定。

国务院专利行政部门进行复审后,认为原驳回决定不符合专利法和本细则有关规定的,或者认为经过修改的专利申请文件消除了原驳回决定和复审通知书指出的缺陷的,应当撤销原驳回决定,继续进行审查程序。

第六十八条 复审请求人在国务院专利行政部门作出决定前,可以撤回其复审请求。

复审请求人在国务院专利行政部门作出决定前撤回其复审请求的,复审程序终止。

第六十九条 依照专利法第四十五条的规定,请求宣告专利权无效或者部分无效的,应当向国务院专利行政部门提交专利权无效宣告请求书和必要的证据一式两份。无效宣告请求书应当结合提交的所有证据,具体说明无效宣告请求的理由,并指明每项理由所依据的证据。

前款所称无效宣告请求的理由,是指被授予专利的发明创造不符合专利法第二条、第十九条第一款、第二十二条、第二十三条、第二十六条第三款、第二十六条第四款、第二十七条第二款、第三十三条或者本细则第十一条、第二十三条第二款、第四十九条第一款的规定,或者属于专利法第五条、第二十五条规定的情形,或者依照专利法第九条规定不能取得专利权。

第七十条 专利权无效宣告请求不符合专利法第十八条第一款或者本细则第六十九条规定的,国务院专利行政部门不予受理。

在国务院专利行政部门就无效宣告请求作出决定之后,又以同样的理由和证据请求无效宣告的,国务院专利行政部门不予受理。

以不符合专利法第二十三条第三款的规定为理由请求宣告外观设计专利权无效,但是未提交证明权利冲突的证据的,国务院专利行政部门不予受理。

专利权无效宣告请求书不符合规定格式的,无效宣告请求人应当在国务院专利行政部门指定的期限内补正;期满未补正的,该无效宣告请求视为未提出。

第七十一条 在国务院专利行政部门受理无效宣告请求后,请求人可以在提出无效宣告请求之日起1个月内增加理由或者补充证据。逾期增加理由或者补充证据的,国务院专利行政部门可以不予考虑。

第七十二条 国务院专利行政部门应当将专利权无效宣告请求书和有关文件的副本送交专利权人,要求其在指定的期限内陈述意见。

专利权人和无效宣告请求人应当在指定期限内答复国务院专利行政部门发出的转送文件通知书或者无效宣告请求审查通知书;期满未答复的,不影响国务院专利行政部门审理。

第七十三条 在无效宣告请求的审查过程中,发明或者实用新型专利的专利权人可以修改其权利要求书,但是不得扩大原专利的保护范围。国务院专利行政部门在修改后的权利要求基础上作出维持专利权有效或者宣告专利权部分无效的决定的,应当公告修改后的权利要求。

发明或者实用新型专利的专利权人不得修改专利说明书和附图,外观设计专利的专利权人不得修改图片、照片和简要说明。

第七十四条 国务院专利行政部门根据当事人的请求或者案情需要，可以决定对无效宣告请求进行口头审理。

国务院专利行政部门决定对无效宣告请求进行口头审理的，应当向当事人发出口头审理通知书，告知举行口头审理的日期和地点。当事人应当在通知书指定的期限内作出答复。

无效宣告请求人对国务院专利行政部门发出的口头审理通知书在指定的期限内未作答复，并且不参加口头审理的，其无效宣告请求视为撤回；专利权人不参加口头审理的，可以缺席审理。

第七十五条 在无效宣告请求审查程序中，国务院专利行政部门指定的期限不得延长。

第七十六条 国务院专利行政部门对无效宣告的请求作出决定前，无效宣告请求人可以撤回其请求。

国务院专利行政部门作出决定之前，无效宣告请求人撤回其请求或者其无效宣告请求被视为撤回的，无效宣告请求审查程序终止。但是，国务院专利行政部门认为根据已进行的审查工作能够作出宣告专利权无效或者部分无效的决定的，不终止审查程序。

第五章　专利权期限补偿

第七十七条 依照专利法第四十二条第二款的规定请求给予专利权期限补偿的，专利权人应当自公告授予专利权之日起3个月内向国务院专利行政部门提出。

第七十八条 依照专利法第四十二条第二款的规定给予专利权期限补偿的，补偿期限按照发明专利在授权过程中不合理延迟的实际天数计算。

前款所称发明专利在授权过程中不合理延迟的实际天数，是指自发明专利申请日起满4年且自实质审查请求之日起满3年之日至公告授予专利权之日的间隔天数，减去合理延迟的天数和由申请人引起的不合理延迟的天数。

下列情形属于合理延迟：

（一）依照本细则第六十六条的规定修改专利申请文件后被授予专利权

的,因复审程序引起的延迟;

(二)因本细则第一百零三条、第一百零四条规定情形引起的延迟;

(三)其他合理情形引起的延迟。

同一申请人同日对同样的发明创造既申请实用新型专利又申请发明专利,依照本细则第四十七条第四款的规定取得发明专利权的,该发明专利权的期限不适用专利法第四十二条第二款的规定。

第七十九条 专利法第四十二条第二款规定的由申请人引起的不合理延迟包括以下情形:

(一)未在指定期限内答复国务院专利行政部门发出的通知;

(二)申请延迟审查;

(三)因本细则第四十五条规定情形引起的延迟;

(四)其他由申请人引起的不合理延迟。

第八十条 专利法第四十二条第三款所称新药相关发明专利是指符合规定的新药产品专利、制备方法专利、医药用途专利。

第八十一条 依照专利法第四十二条第三款的规定请求给予新药相关发明专利权期限补偿的,应当符合下列要求,自该新药在中国获得上市许可之日起3个月内向国务院专利行政部门提出:

(一)该新药同时存在多项专利的,专利权人只能请求对其中一项专利给予专利权期限补偿;

(二)一项专利同时涉及多个新药的,只能对一个新药就该专利提出专利权期限补偿请求;

(三)该专利在有效期内,且尚未获得过新药相关发明专利权期限补偿。

第八十二条 依照专利法第四十二条第三款的规定给予专利权期限补偿的,补偿期限按照该专利申请日至该新药在中国获得上市许可之日的间隔天数减去5年,在符合专利法第四十二条第三款规定的基础上确定。

第八十三条 新药相关发明专利在专利权期限补偿期间,该专利的保护范围限于该新药及其经批准的适应症相关技术方案;在保护范围内,专利权人享有的权利和承担的义务与专利权期限补偿前相同。

第八十四条 国务院专利行政部门对依照专利法第四十二条第二款、第三款的规定提出的专利权期限补偿请求进行审查后,认为符合补偿条件的,作出给予期限补偿的决定,并予以登记和公告;不符合补偿条件的,作出不予期限补偿的决定,并通知提出请求的专利权人。

第六章　专利实施的特别许可

第八十五条　专利权人自愿声明对其专利实行开放许可的,应当在公告授予专利权后提出。

开放许可声明应当写明以下事项:

(一)专利号;

(二)专利权人的姓名或者名称;

(三)专利许可使用费支付方式、标准;

(四)专利许可期限;

(五)其他需要明确的事项。

开放许可声明内容应当准确、清楚,不得出现商业性宣传用语。

第八十六条　专利权有下列情形之一的,专利权人不得对其实行开放许可:

(一)专利权处于独占或者排他许可有效期限内的;

(二)属于本细则第一百零三条、第一百零四条规定的中止情形的;

(三)没有按照规定缴纳年费的;

(四)专利权被质押,未经质权人同意的;

(五)其他妨碍专利权有效实施的情形。

第八十七条　通过开放许可达成专利实施许可的,专利权人或者被许可人应当凭能够证明达成许可的书面文件向国务院专利行政部门备案。

第八十八条　专利权人不得通过提供虚假材料、隐瞒事实等手段,作出开放许可声明或者在开放许可实施期间获得专利年费减免。

第八十九条　专利法第五十二条第(一)项所称未充分实施其专利,是指专利权人及其被许可人实施其专利的方式或者规模不能满足国内对专利产品或者专利方法的需求。

专利法第五十五条所称取得专利权的药品,是指解决公共健康问题所需的医药领域中的任何专利产品或者依照专利方法直接获得的产品,包括取得专利权的制造该产品所需的活性成分以及使用该产品所需的诊断用品。

第九十条　请求给予强制许可的,应当向国务院专利行政部门提交强制许可请求书,说明理由并附具有关证明文件。

国务院专利行政部门应当将强制许可请求书的副本送交专利权人,专利权人应当在国务院专利行政部门指定的期限内陈述意见;期满未答复的,不影响国务院专利行政部门作出决定。

国务院专利行政部门在作出驳回强制许可请求的决定或者给予强制许可的决定前,应当通知请求人和专利权人拟作出的决定及其理由。

国务院专利行政部门依照专利法第五十五条的规定作出给予强制许可的决定,应当同时符合中国缔结或者参加的有关国际条约关于为了解决公共健康问题而给予强制许可的规定,但中国作出保留的除外。

第九十一条　依照专利法第六十二条的规定,请求国务院专利行政部门裁决使用费数额的,当事人应当提出裁决请求书,并附具双方不能达成协议的证明文件。国务院专利行政部门应当自收到请求书之日起 3 个月内作出裁决,并通知当事人。

第七章　对职务发明创造的发明人或者设计人的奖励和报酬

第九十二条　被授予专利权的单位可以与发明人、设计人约定或者在其依法制定的规章制度中规定专利法第十五条规定的奖励、报酬的方式和数额。鼓励被授予专利权的单位实行产权激励,采取股权、期权、分红等方式,使发明人或者设计人合理分享创新收益。

企业、事业单位给予发明人或者设计人的奖励、报酬,按照国家有关财务、会计制度的规定进行处理。

第九十三条　被授予专利权的单位未与发明人、设计人约定也未在其依法制定的规章制度中规定专利法第十五条规定的奖励的方式和数额的,应当自公告授予专利权之日起 3 个月内发给发明人或者设计人奖金。一项发明专利的奖金最低不少于 4000 元;一项实用新型专利或者外观设计专利的奖金最低不少于 1500 元。

由于发明人或者设计人的建议被其所属单位采纳而完成的发明创造,被授予专利权的单位应当从优发给奖金。

第九十四条　被授予专利权的单位未与发明人、设计人约定也未在其依法制定的规章制度中规定专利法第十五条规定的报酬的方式和数额的,应当依照《中华人民共和国促进科技成果转化法》的规定,给予发明人或者设计人合理的报酬。

第八章 专利权的保护

第九十五条 省、自治区、直辖市人民政府管理专利工作的部门以及专利管理工作量大又有实际处理能力的地级市、自治州、盟、地区和直辖市的区人民政府管理专利工作的部门,可以处理和调解专利纠纷。

第九十六条 有下列情形之一的,属于专利法第七十条所称的在全国有重大影响的专利侵权纠纷:
(一)涉及重大公共利益的;
(二)对行业发展有重大影响的;
(三)跨省、自治区、直辖市区域的重大案件;
(四)国务院专利行政部门认为可能有重大影响的其他情形。
专利权人或者利害关系人请求国务院专利行政部门处理专利侵权纠纷,相关案件不属于在全国有重大影响的专利侵权纠纷的,国务院专利行政部门可以指定有管辖权的地方人民政府管理专利工作的部门处理。

第九十七条 当事人请求处理专利侵权纠纷或者调解专利纠纷的,由被请求人所在地或者侵权行为地的管理专利工作的部门管辖。

两个以上管理专利工作的部门都有管辖权的专利纠纷,当事人可以向其中一个管理专利工作的部门提出请求;当事人向两个以上有管辖权的管理专利工作的部门提出请求的,由最先受理的管理专利工作的部门管辖。

管理专利工作的部门对管辖权发生争议的,由其共同的上级人民政府管理专利工作的部门指定管辖;无共同上级人民政府管理专利工作的部门的,由国务院专利行政部门指定管辖。

第九十八条 在处理专利侵权纠纷过程中,被请求人提出无效宣告请求并被国务院专利行政部门受理的,可以请求管理专利工作的部门中止处理。

管理专利工作的部门认为被请求人提出的中止理由明显不能成立的,可以不中止处理。

第九十九条 专利权人依照专利法第十七条的规定,在其专利产品或者该产品的包装上标明专利标识的,应当按照国务院专利行政部门规定的方式予以标明。

专利标识不符合前款规定的,由县级以上负责专利执法的部门责令改正。

第一百条 申请人或者专利权人违反本细则第十一条、第八十八条规定的,由县级以上负责专利执法的部门予以警告,可以处10万元以下的罚款。

第一百零一条 下列行为属于专利法第六十八条规定的假冒专利的行为:

(一)在未被授予专利权的产品或者其包装上标注专利标识,专利权被宣告无效后或者终止后继续在产品或者其包装上标注专利标识,或者未经许可在产品或者产品包装上标注他人的专利号;

(二)销售第(一)项所述产品;

(三)在产品说明书等材料中将未被授予专利权的技术或者设计称为专利技术或者专利设计,将专利申请称为专利,或者未经许可使用他人的专利号,使公众将所涉及的技术或者设计误认为是专利技术或者专利设计;

(四)伪造或者变造专利证书、专利文件或者专利申请文件;

(五)其他使公众混淆,将未被授予专利权的技术或者设计误认为是专利技术或者专利设计的行为。

专利权终止前依法在专利产品、依照专利方法直接获得的产品或者其包装上标注专利标识,在专利权终止后许诺销售、销售该产品的,不属于假冒专利行为。

销售不知道是假冒专利的产品,并且能够证明该产品合法来源的,由县级以上负责专利执法的部门责令停止销售。

第一百零二条 除专利法第六十五条规定的外,管理专利工作的部门应当事人请求,可以对下列专利纠纷进行调解:

(一)专利申请权和专利权归属纠纷;

(二)发明人、设计人资格纠纷;

(三)职务发明创造的发明人、设计人的奖励和报酬纠纷;

(四)在发明专利申请公布后专利权授予前使用发明而未支付适当费用的纠纷;

(五)其他专利纠纷。

对于前款第(四)项所列的纠纷,当事人请求管理专利工作的部门调解的,应当在专利权被授予之后提出。

第一百零三条 当事人因专利申请权或者专利权的归属发生纠纷,已请求管理专利工作的部门调解或者向人民法院起诉的,可以请求国务院专利行政部门中止有关程序。

依照前款规定请求中止有关程序的,应当向国务院专利行政部门提交请求书,说明理由,并附具管理专利工作的部门或者人民法院的写明申请号或者专利号的有关受理文件副本。国务院专利行政部门认为当事人提出的中止理由明显不能成立的,可以不中止有关程序。

管理专利工作的部门作出的调解书或者人民法院作出的判决生效后,当事人应当向国务院专利行政部门办理恢复有关程序的手续。自请求中止之日起1年内,有关专利申请权或者专利权归属的纠纷未能结案,需要继续中止有关程序的,请求人应当在该期限内请求延长中止。期满未请求延长的,国务院专利行政部门自行恢复有关程序。

第一百零四条 人民法院在审理民事案件中裁定对专利申请权或者专利权采取保全措施的,国务院专利行政部门应当在收到写明申请号或者专利号的裁定书和协助执行通知书之日中止被保全的专利申请权或者专利权的有关程序。保全期限届满,人民法院没有裁定继续采取保全措施的,国务院专利行政部门自行恢复有关程序。

第一百零五条 国务院专利行政部门根据本细则第一百零三条和第一百零四条规定中止有关程序,是指暂停专利申请的初步审查、实质审查、复审程序,授予专利权程序和专利权无效宣告程序;暂停办理放弃、变更、转移专利权或者专利申请权手续,专利权质押手续以及专利权期限届满前的终止手续等。

第九章　专利登记和专利公报

第一百零六条 国务院专利行政部门设置专利登记簿,登记下列与专利申请和专利权有关的事项:

(一)专利权的授予;

(二)专利申请权、专利权的转移;

（三）专利权的质押、保全及其解除；

（四）专利实施许可合同的备案；

（五）国防专利、保密专利的解密；

（六）专利权的无效宣告；

（七）专利权的终止；

（八）专利权的恢复；

（九）专利权期限的补偿；

（十）专利实施的开放许可；

（十一）专利实施的强制许可；

（十二）专利权人的姓名或者名称、国籍和地址的变更。

第一百零七条 国务院专利行政部门定期出版专利公报，公布或者公告下列内容：

（一）发明专利申请的著录事项和说明书摘要；

（二）发明专利申请的实质审查请求和国务院专利行政部门对发明专利申请自行进行实质审查的决定；

（三）发明专利申请公布后的驳回、撤回、视为撤回、视为放弃、恢复和转移；

（四）专利权的授予以及专利权的著录事项；

（五）实用新型专利的说明书摘要，外观设计专利的一幅图片或者照片；

（六）国防专利、保密专利的解密；

（七）专利权的无效宣告；

（八）专利权的终止、恢复；

（九）专利权期限的补偿；

（十）专利权的转移；

（十一）专利实施许可合同的备案；

（十二）专利权的质押、保全及其解除；

（十三）专利实施的开放许可事项；

（十四）专利实施的强制许可的给予；

（十五）专利权人的姓名或者名称、国籍和地址的变更；

（十六）文件的公告送达；

（十七）国务院专利行政部门作出的更正；

（十八）其他有关事项。

第一百零八条 国务院专利行政部门应当提供专利公报、发明专利申请单行本以及发明专利、实用新型专利、外观设计专利单行本，供公众免费查阅。

第一百零九条 国务院专利行政部门负责按照互惠原则与其他国家、地区的专利机关或者区域性专利组织交换专利文献。

第十章 费　　用

第一百一十条 向国务院专利行政部门申请专利和办理其他手续时，应当缴纳下列费用：

（一）申请费、申请附加费、公布印刷费、优先权要求费；

（二）发明专利申请实质审查费、复审费；

（三）年费；

（四）恢复权利请求费、延长期限请求费；

（五）著录事项变更费、专利权评价报告请求费、无效宣告请求费、专利文件副本证明费。

前款所列各种费用的缴纳标准，由国务院发展改革部门、财政部门会同国务院专利行政部门按照职责分工规定。国务院财政部门、发展改革部门可以会同国务院专利行政部门根据实际情况对申请专利和办理其他手续应当缴纳的费用种类和标准进行调整。

第一百一十一条 专利法和本细则规定的各种费用，应当严格按照规定缴纳。

直接向国务院专利行政部门缴纳费用的，以缴纳当日为缴费日；以邮局汇付方式缴纳费用的，以邮局汇出的邮戳日为缴费日；以银行汇付方式缴纳费用的，以银行实际汇出日为缴费日。

多缴、重缴、错缴专利费用的，当事人可以自缴费日起3年内，向国务院专利行政部门提出退款请求，国务院专利行政部门应当予以退还。

第一百一十二条 申请人应当自申请日起2个月内或者在收到受理通知书之日起15日内缴纳申请费、公布印刷费和必要的申请附加费；期满未缴纳或者未缴足的，其申请视为撤回。

申请人要求优先权的,应当在缴纳申请费的同时缴纳优先权要求费;期满未缴纳或者未缴足的,视为未要求优先权。

第一百一十三条 当事人请求实质审查或者复审的,应当在专利法及本细则规定的相关期限内缴纳费用;期满未缴纳或者未缴足的,视为未提出请求。

第一百一十四条 申请人办理登记手续时,应当缴纳授予专利权当年的年费;期满未缴纳或者未缴足的,视为未办理登记手续。

第一百一十五条 授予专利权当年以后的年费应当在上一年度期满前缴纳。专利权人未缴纳或者未缴足的,国务院专利行政部门应当通知专利权人自应当缴纳年费期满之日起6个月内补缴,同时缴纳滞纳金;滞纳金的金额按照每超过规定的缴费时间1个月,加收当年全额年费的5%计算;期满未缴纳的,专利权自应当缴纳年费期满之日起终止。

第一百一十六条 恢复权利请求费应当在本细则规定的相关期限内缴纳;期满未缴纳或者未缴足的,视为未提出请求。

延长期限请求费应当在相应期限届满之日前缴纳;期满未缴纳或者未缴足的,视为未提出请求。

著录事项变更费、专利权评价报告请求费、无效宣告请求费应当自提出请求之日起1个月内缴纳;期满未缴纳或者未缴足的,视为未提出请求。

第一百一十七条 申请人或者专利权人缴纳本细则规定的各种费用有困难的,可以按照规定向国务院专利行政部门提出减缴的请求。减缴的办法由国务院财政部门会同国务院发展改革部门、国务院专利行政部门规定。

第十一章　关于发明、实用新型 国际申请的特别规定

第一百一十八条 国务院专利行政部门根据专利法第十九条规定,受理按照专利合作条约提出的专利国际申请。

按照专利合作条约提出并指定中国的专利国际申请(以下简称国际申请)进入国务院专利行政部门处理阶段(以下称进入中国国家阶段)的条件和程序适用本章的规定;本章没有规定的,适用专利法及本细则其他各章的有关规定。

第一百一十九条 按照专利合作条约已确定国际申请日并指定中国的国际申请,视为向国务院专利行政部门提出的专利申请,该国际申请日视为专利法第二十八条所称的申请日。

第一百二十条 国际申请的申请人应当在专利合作条约第二条所称的优先权日(本章简称优先权日)起30个月内,向国务院专利行政部门办理进入中国国家阶段的手续;申请人未在该期限内办理该手续的,在缴纳宽限费后,可以在自优先权日起32个月内办理进入中国国家阶段的手续。

第一百二十一条 申请人依照本细则第一百二十条的规定办理进入中国国家阶段的手续的,应当符合下列要求:

(一)以中文提交进入中国国家阶段的书面声明,写明国际申请号和要求获得的专利权类型;

(二)缴纳本细则第一百一十条第一款规定的申请费、公布印刷费,必要时缴纳本细则第一百二十条规定的宽限费;

(三)国际申请以外文提出的,提交原始国际申请的说明书和权利要求书的中文译文;

(四)在进入中国国家阶段的书面声明中写明发明创造的名称、申请人姓名或者名称、地址和发明人的姓名,上述内容应当与世界知识产权组织国际局(以下简称国际局)的记录一致;国际申请中未写明发明人的,在上述声明中写明发明人的姓名;

(五)国际申请以外文提出的,提交摘要的中文译义,有附图和摘要附图的,提交附图副本并指定摘要附图,附图中有文字的,将其替换为对应的中文文字;

(六)在国际阶段向国际局已办理申请人变更手续的,必要时提供变更后的申请人享有申请权的证明材料;

(七)必要时缴纳本细则第一百一十条第一款规定的申请附加费。

符合本条第一款第(一)项至第(三)项要求的,国务院专利行政部门应当给予申请号,明确国际申请进入中国国家阶段的日期(以下简称进入日),并通知申请人其国际申请已进入中国国家阶段。

国际申请已进入中国国家阶段,但不符合本条第一款第(四)项至第(七)项要求的,国务院专利行政部门应当通知申请人在指定期限内补正;期满未补正的,其申请视为撤回。

第一百二十二条 国际申请有下列情形之一的,其在中国的效力终止:

(一)在国际阶段,国际申请被撤回或者被视为撤回,或者国际申请对中国的指定被撤回的;

(二)申请人未在优先权日起32个月内按照本细则第一百二十条规定办理进入中国国家阶段手续的;

(三)申请人办理进入中国国家阶段的手续,但自优先权日起32个月期限届满仍不符合本细则第一百二十一条第(一)项至第(三)项要求的。

依照前款第(一)项的规定,国际申请在中国的效力终止的,不适用本细则第六条的规定;依照前款第(二)项、第(三)项的规定,国际申请在中国的效力终止的,不适用本细则第六条第二款的规定。

第一百二十三条 国际申请在国际阶段作过修改,申请人要求以经修改的申请文件为基础进行审查的,应当自进入日起2个月内提交修改部分的中文译文。在该期间内未提交中文译文的,对申请人在国际阶段提出的修改,国务院专利行政部门不予考虑。

第一百二十四条 国际申请涉及的发明创造有专利法第二十四条第(二)项或者第(三)项所列情形之一,在提出国际申请时作过声明的,申请人应当在进入中国国家阶段的书面声明中予以说明,并自进入日起2个月内提交本细则第三十三条第三款规定的有关证明文件;未予说明或者期满未提交证明文件的,其申请不适用专利法第二十四条的规定。

第一百二十五条 申请人按照专利合作条约的规定,对生物材料样品的保藏已作出说明的,视为已经满足了本细则第二十七条第(三)项的要求。申请人应当在进入中国国家阶段声明中指明记载生物材料样品保藏事项的文件以及在该文件中的具体记载位置。

申请人在原始提交的国际申请的说明书中已记载生物材料样品保藏事项,但是没有在进入中国国家阶段声明中指明的,应当自进入日起4个月内补正。期满未补正的,该生物材料视为未提交保藏。

申请人自进入日起4个月内向国务院专利行政部门提交生物材料样品保藏证明和存活证明的,视为在本细则第二十七条第(一)项规定的期限内提交。

第一百二十六条 国际申请涉及的发明创造依赖遗传资源完成的,申请人应当在国际申请进入中国国家阶段的书面声明中予以说明,并填写国务院专利行政部门制定的表格。

第一百二十七条 申请人在国际阶段已要求一项或者多项优先权,在进入中国国家阶段时该优先权要求继续有效的,视为已经依照专利法第三十条的规定提出了书面声明。

申请人应当自进入日起 2 个月内缴纳优先权要求费;期满未缴纳或者未缴足的,视为未要求该优先权。

申请人在国际阶段已依照专利合作条约的规定,提交过在先申请文件副本的,办理进入中国国家阶段手续时不需要向国务院专利行政部门提交在先申请文件副本。申请人在国际阶段未提交在先申请文件副本的,国务院专利行政部门认为必要时,可以通知申请人在指定期限内补交;申请人期满未补交的,其优先权要求视为未提出。

第一百二十八条 国际申请的申请日在优先权期限届满之后 2 个月内,在国际阶段受理局已经批准恢复优先权的,视为已经依照本细则第三十六条的规定提出了恢复优先权请求;在国际阶段申请人未请求恢复优先权,或者提出了恢复优先权请求但受理局未批准,申请人有正当理由的,可以自进入日起 2 个月内向国务院专利行政部门请求恢复优先权。

第一百二十九条 在优先权日起 30 个月期限届满前要求国务院专利行政部门提前处理和审查国际申请的,申请人除应当办理进入中国国家阶段手续外,还应当依照专利合作条约第二十三条第二款规定提出请求。国际局尚未向国务院专利行政部门传送国际申请的,申请人应当提交经确认的国际申请副本。

第一百三十条 要求获得实用新型专利权的国际申请,申请人可以自进入日起 2 个月内对专利申请文件主动提出修改。

要求获得发明专利权的国际申请,适用本细则第五十七条第一款的规定。

第一百三十一条 申请人发现提交的说明书、权利要求书或者附图中的文字的中文译文存在错误的,可以在下列规定期限内依照原始国际申请文本提出改正:

(一)在国务院专利行政部门做好公布发明专利申请或者公告实用新型专利权的准备工作之前;

(二)在收到国务院专利行政部门发出的发明专利申请进入实质审查阶

段通知书之日起3个月内。

申请人改正译文错误的,应当提出书面请求并缴纳规定的译文改正费。

申请人按照国务院专利行政部门的通知书的要求改正译文的,应当在指定期限内办理本条第二款规定的手续;期满未办理规定手续的,该申请视为撤回。

第一百三十二条 对要求获得发明专利权的国际申请,国务院专利行政部门经初步审查认为符合专利法和本细则有关规定的,应当在专利公报上予以公布;国际申请以中文以外的文字提出的,应当公布申请文件的中文译文。

要求获得发明专利权的国际申请,由国际局以中文进行国际公布的,自国际公布日或者国务院专利行政部门公布之日起适用专利法第十三条的规定;由国际局以中文以外的文字进行国际公布的,自国务院专利行政部门公布之日起适用专利法第十三条的规定。

对国际申请,专利法第二十一条和第二十二条中所称的公布是指本条第一款所规定的公布。

第一百三十三条 国际申请包含两项以上发明或者实用新型的,申请人可以自进入日起,依照本细则第四十八条第一款的规定提出分案申请。

在国际阶段,国际检索单位或者国际初步审查单位认为国际申请不符合专利合作条约规定的单一性要求时,申请人未按照规定缴纳附加费,导致国际申请某些部分未经国际检索或者未经国际初步审查,在进入中国国家阶段时,申请人要求将所述部分作为审查基础,国务院专利行政部门认为国际检索单位或者国际初步审查单位对发明单一性的判断正确的,应当通知申请人在指定期限内缴纳单一性恢复费。期满未缴纳或者未足额缴纳的,国际申请中未经检索或者未经国际初步审查的部分视为撤回。

第一百三十四条 国际申请在国际阶段被有关国际单位拒绝给予国际申请日或者宣布视为撤回的,申请人在收到通知之日起2个月内,可以请求国际局将国际申请档案中任何文件的副本转交国务院专利行政部门,并在该期限内向国务院专利行政部门办理本细则第一百二十条规定的手续,国务院专利行政部门应当在接到国际局传送的文件后,对国际单位作出的决定是否正确进行复查。

第一百三十五条 基于国际申请授予的专利权,由于译文错误,致使依照专利法第六十四条规定确定的保护范围超出国际申请的原文所表达的范围的,以依据原文限制后的保护范围为准;致使保护范围小于国际申请的原文所表达的范围的,以授权时的保护范围为准。

第十二章 关于外观设计国际申请的特别规定

第一百三十六条 国务院专利行政部门根据专利法第十九条第二款、第三款规定,处理按照工业品外观设计国际注册海牙协定(1999年文本)(以下简称海牙协定)提出的外观设计国际注册申请。

国务院专利行政部门处理按照海牙协定提出并指定中国的外观设计国际注册申请(简称外观设计国际申请)的条件和程序适用本章的规定;本章没有规定的,适用专利法及本细则其他各章的有关规定。

第一百三十七条 按照海牙协定已确定国际注册日并指定中国的外观设计国际申请,视为向国务院专利行政部门提出的外观设计专利申请,该国际注册日视为专利法第二十八条所称的申请日。

第一百三十八条 国际局公布外观设计国际申请后,国务院专利行政部门对外观设计国际申请进行审查,并将审查结果通知国际局。

第一百三十九条 国际局公布的外观设计国际申请中包括一项或者多项优先权的,视为已经依照专利法第三十条的规定提出了书面声明。

外观设计国际申请的申请人要求优先权的,应当自外观设计国际申请公布之日起3个月内提交在先申请文件副本。

第一百四十条 外观设计国际申请涉及的外观设计有专利法第二十四条第(二)项或者第(三)项所列情形的,应当在提出外观设计国际申请时声明,并自外观设计国际申请公布之日起2个月内提交本细则第三十三条第三款规定的有关证明文件。

第一百四十一条 一件外观设计国际申请包括两项以上外观设计的,申请人可以自外观设计国际申请公布之日起2个月内,向国务院专利行政部门提出分案申请,并缴纳费用。

第一百四十二条 国际局公布的外观设计国际申请中包括含设计要点的说明书的,视为已经依照本细则第三十一条的规定提交了简要说明。

第一百四十三条 外观设计国际申请经国务院专利行政部门审查后没有发现驳回理由的,由国务院专利行政部门作出给予保护的决定,通知国际局。

国务院专利行政部门作出给予保护的决定后,予以公告,该外观设计专利权自公告之日起生效。

第一百四十四条 已在国际局办理权利变更手续的,申请人应当向国务院专利行政部门提供有关证明材料。

第十三章 附 则

第一百四十五条 经国务院专利行政部门同意,任何人均可以查阅或者复制已经公布或者公告的专利申请的案卷和专利登记簿,并可以请求国务院专利行政部门出具专利登记簿副本。

已视为撤回、驳回和主动撤回的专利申请的案卷,自该专利申请失效之日起满2年后不予保存。

已放弃、宣告全部无效和终止的专利权的案卷,自该专利权失效之日起满3年后不予保存。

第一百四十六条 向国务院专利行政部门提交申请文件或者办理各种手续,应当由申请人、专利权人、其他利害关系人或者其代表人签字或者盖章;委托专利代理机构的,由专利代理机构盖章。

请求变更发明人姓名、专利申请人和专利权人的姓名或者名称、国籍和地址、专利代理机构的名称、地址和专利代理师姓名的,应当向国务院专利行政部门办理著录事项变更手续,必要时应当提交变更理由的证明材料。

第一百四十七条 向国务院专利行政部门邮寄有关申请或者专利权的文件,应当使用挂号信函,不得使用包裹。

除首次提交专利申请文件外,向国务院专利行政部门提交各种文件、办理各种手续的,应当标明申请号或者专利号、发明创造名称和申请人或者专利权人姓名或者名称。

一件信函中应当只包含同一申请的文件。

第一百四十八条 国务院专利行政部门根据专利法和本细则制定专利审查指南。

第一百四十九条 本细则自2001年7月1日起施行。1992年12月12日国务院批准修订、1992年12月21日中国专利局发布的《中华人民共和国专利法实施细则》同时废止。

国防专利条例

(2004年9月17日国务院、中央军事委员会令第418号公布
自2004年11月1日起施行)

第一章 总 则

第一条 为了保护有关国防的发明专利权,确保国家秘密,便利发明创造的推广应用,促进国防科学技术的发展,适应国防现代化建设的需要,根据《中华人民共和国专利法》,制定本条例。

第二条 国防专利是指涉及国防利益以及对国防建设具有潜在作用需要保密的发明专利。

第三条 国家国防专利机构(以下简称国防专利机构)负责受理和审查国防专利申请。经国防专利机构审查认为符合本条例规定的,由国务院专利行政部门授予国防专利权。

国务院国防科学技术工业主管部门和中国人民解放军总装备部(以下简称总装备部)分别负责地方系统和军队系统的国防专利管理工作。

第四条 涉及国防利益或者对国防建设具有潜在作用被确定为绝密级国家秘密的发明不得申请国防专利。

国防专利申请以及国防专利的保密工作,在解密前依照《中华人民共和国保守国家秘密法》和国家有关规定进行管理。

第五条 国防专利权的保护期限为20年,自申请日起计算。

第六条 国防专利在保护期内,因情况变化需要变更密级、解密或者国防专利权终止后需要延长保密期限的,国防专利机构可以作出变更密级、解密或者延长保密期限的决定;但是对在申请国防专利前已被确定为国家秘密

的,应当征得原确定密级和保密期限的机关、单位或者其上级机关的同意。

被授予国防专利权的单位或者个人(以下统称国防专利权人)可以向国防专利机构提出变更密级、解密或者延长保密期限的书面申请;属于国有企业事业单位或者军队单位的,应当附送原确定密级和保密期限的机关、单位或者其上级机关的意见。

国防专利机构应当将变更密级、解密或者延长保密期限的决定,在该机构出版的《国防专利内部通报》上刊登,并通知国防专利权人,同时将解密的国防专利报送国务院专利行政部门转为普通专利。国务院专利行政部门应当及时将解密的国防专利向社会公告。

第七条 国防专利申请权和国防专利权经批准可以向国内的中国单位和个人转让。

转让国防专利申请权或者国防专利权,应当确保国家秘密不被泄露,保证国防和军队建设不受影响,并向国防专利机构提出书面申请,由国防专利机构进行初步审查后依照本条例第三条第二款规定的职责分工,及时报送国务院国防科学技术工业主管部门、总装备部审批。

国务院国防科学技术工业主管部门、总装备部应当自国防专利机构受理申请之日起30日内作出批准或者不批准的决定;作出不批准决定的,应当书面通知申请人并说明理由。

经批准转让国防专利申请权或者国防专利权的,当事人应当订立书面合同,并向国防专利机构登记,由国防专利机构在《国防专利内部通报》上刊登。国防专利申请权或者国防专利权的转让自登记之日起生效。

第八条 禁止向国外的单位和个人以及在国内的外国人和外国机构转让国防专利申请权和国防专利权。

第九条 需要委托专利代理机构申请国防专利和办理其他国防专利事务的,应当委托国防专利机构指定的专利代理机构办理。专利代理机构及其工作人员对在办理国防专利申请和其他国防专利事务过程中知悉的国家秘密,负有保密义务。

第二章 国防专利的申请、审查和授权

第十条 申请国防专利的,应当向国防专利机构提交请求书、说明书及

其摘要和权利要求书等文件。

国防专利申请人应当按照国防专利机构规定的要求和统一格式撰写申请文件,并亲自送交或者经过机要通信以及其他保密方式传交国防专利机构,不得按普通函件邮寄。

国防专利机构收到国防专利申请文件之日为申请日;申请文件通过机要通信邮寄的,以寄出的邮戳日为申请日。

第十一条 国防专利机构定期派人到国务院专利行政部门查看普通专利申请,发现其中有涉及国防利益或者对国防建设具有潜在作用需要保密的,经国务院专利行政部门同意后转为国防专利申请,并通知申请人。

普通专利申请转为国防专利申请后,国防专利机构依照本条例的有关规定对该国防专利申请进行审查。

第十二条 授予国防专利权的发明,应当具备新颖性、创造性和实用性。

新颖性,是指在申请日之前没有同样的发明在国外出版物上公开发表过、在国内出版物上发表过、在国内使用过或者以其他方式为公众所知,也没有同样的发明由他人提出过申请并在申请日以后获得国防专利权。

创造性,是指同申请日之前已有的技术相比,该发明有突出的实质性特点和显著的进步。

实用性,是指该发明能够制造或者使用,并且能够产生积极效果。

第十三条 申请国防专利的发明在申请日之前6个月内,有下列情形之一的,不丧失新颖性:

(一)在国务院有关主管部门、中国人民解放军有关主管部门举办的内部展览会上首次展出的;

(二)在国务院有关主管部门、中国人民解放军有关主管部门召开的内部学术会议或者技术会议上首次发表的;

(三)他人未经国防专利申请人同意而泄露其内容的。

有前款所列情形的,国防专利申请人应当在申请时声明,并自申请日起2个月内提供有关证明文件。

第十四条 国防专利机构对国防专利申请进行审查后,认为不符合本条例规定的,应当通知国防专利申请人在指定的期限内陈述意见或者对其国防专利申请进行修改、补正;无正当理由逾期不答复的,该国防专利申请即被视为撤回。

国防专利申请人在自申请日起 6 个月内或者在对第一次审查意见通知书进行答复时,可以对其国防专利申请主动提出修改。

申请人对其国防专利申请文件进行修改不得超出原说明书和权利要求书记载的范围。

第十五条 国防专利申请人陈述意见或者对国防专利申请进行修改、补正后,国防专利机构认为仍然不符合本条例规定的,应当予以驳回。

第十六条 国防专利机构设立国防专利复审委员会,负责国防专利的复审和无效宣告工作。

国防专利复审委员会由技术专家和法律专家组成,其主任委员由国防专利机构负责人兼任。

第十七条 国防专利申请人对国防专利机构驳回申请的决定不服的,可以自收到通知之日起 3 个月内,向国防专利复审委员会请求复审。国防专利复审委员会复审并作出决定后,通知国防专利申请人。

第十八条 国防专利申请经审查认为没有驳回理由或者驳回后经过复审认为不应当驳回的,由国务院专利行政部门作出授予国防专利权的决定,并委托国防专利机构颁发国防专利证书,同时在国务院专利行政部门出版的专利公报上公告该国防专利的申请日、授权日和专利号。国防专利机构应当将该国防专利的有关事项予以登记,并在《国防专利内部通报》上刊登。

第十九条 任何单位或者个人认为国防专利权的授予不符合本条例规定的,可以向国防专利复审委员会提出宣告该国防专利权无效的请求。

第二十条 国防专利复审委员会对宣告国防专利权无效的请求进行审查并作出决定后,通知请求人和国防专利权人。宣告国防专利权无效的决定,国防专利机构应当予以登记并在《国防专利内部通报》上刊登,国务院专利行政部门应当在专利公报上公布。

第三章 国防专利的实施

第二十一条 国防专利机构应当自授予国防专利权之日起 3 个月内,将该国防专利有关文件副本送交国务院有关主管部门或者中国人民解放军有关主管部门。收到文件副本的部门,应当在 4 个月内就该国防专利的实施提出书面意见,并通知国防专利机构。

第二十二条 国务院有关主管部门、中国人民解放军有关主管部门,可以允许其指定的单位实施本系统或者本部门内的国防专利;需要指定实施本系统或者本部门以外的国防专利的,应当向国防专利机构提出书面申请,由国防专利机构依照本条例第三条第二款规定的职责分工报国务院国防科学技术工业主管部门、总装备部批准后实施。

国防专利机构对国防专利的指定实施予以登记,并在《国防专利内部通报》上刊登。

第二十三条 实施他人国防专利的单位应当与国防专利权人订立书面实施合同,依照本条例第二十五条的规定向国防专利权人支付费用,并报国防专利机构备案。实施单位不得允许合同规定以外的单位实施该国防专利。

第二十四条 国防专利权人许可国外的单位或者个人实施其国防专利的,应当确保国家秘密不被泄露,保证国防和军队建设不受影响,并向国防专利机构提出书面申请,由国防专利机构进行初步审查后依照本条例第三条第二款规定的职责分工,及时报送国务院国防科学技术工业主管部门、总装备部审批。

国务院国防科学技术工业主管部门、总装备部应当自国防专利机构受理申请之日起30日内作出批准或者不批准的决定;作出不批准决定的,应当书面通知申请人并说明理由。

第二十五条 实施他人国防专利的,应当向国防专利权人支付国防专利使用费。实施使用国家直接投入的国防科研经费或者其他国防经费进行科研活动所产生的国防专利,符合产生该国防专利的经费使用目的的,可以只支付必要的国防专利实施费;但是,科研合同另有约定或者科研任务书另有规定的除外。

前款所称国防专利实施费,是指国防专利实施中发生的为提供技术资料、培训人员以及进一步开发技术等所需的费用。

第二十六条 国防专利指定实施的实施费或者使用费的数额,由国防专利权人与实施单位协商确定;不能达成协议的,由国防专利机构裁决。

第二十七条 国家对国防专利权人给予补偿。国防专利机构在颁发国防专利证书后,向国防专利权人支付国防专利补偿费,具体数额由国防专利机构确定。属于职务发明的,国防专利权人应当将不少于50%的补偿费发给发明人。

第四章　国防专利的管理和保护

第二十八条　国防专利机构出版的《国防专利内部通报》属于国家秘密文件,其知悉范围由国防专利机构确定。

《国防专利内部通报》刊登下列内容:

(一)国防专利申请中记载的著录事项;

(二)国防专利的权利要求书;

(三)发明说明书的摘要;

(四)国防专利权的授予;

(五)国防专利权的终止;

(六)国防专利权的无效宣告;

(七)国防专利申请权、国防专利权的转移;

(八)国防专利的指定实施;

(九)国防专利实施许可合同的备案;

(十)国防专利的变更密级、解密;

(十一)国防专利保密期限的延长;

(十二)国防专利权人的姓名或者名称、地址的变更;

(十三)其他有关事项。

第二十九条　国防专利权被授予后,有下列情形之一的,经国防专利机构同意,可以查阅国防专利说明书:

(一)提出宣告国防专利权无效请求的;

(二)需要实施国防专利的;

(三)发生国防专利纠纷的;

(四)因国防科研需要的。

查阅者对其在查阅过程中知悉的国家秘密负有保密义务。

第三十条　国务院有关主管部门、中国人民解放军有关主管部门和各省、自治区、直辖市的国防科学技术工业管理部门应当指定一个机构管理国防专利工作,并通知国防专利机构。该管理国防专利工作的机构在业务上受国防专利机构指导。

承担国防科研、生产任务以及参与军事订货的军队单位、国务院履行出资人职责的企业和国务院直属事业单位,应当指定相应的机构管理本单位的国防专利工作。

第三十一条 国防专利机构应当事人请求,可以对下列国防专利纠纷进行调解:

(一)国防专利申请权和国防专利权归属纠纷;

(二)国防专利发明人资格纠纷;

(三)职务发明的发明人的奖励和报酬纠纷;

(四)国防专利使用费和实施费纠纷。

第三十二条 除《中华人民共和国专利法》和本条例另有规定的以外,未经国防专利权人许可实施其国防专利,即侵犯其国防专利权,引起纠纷的,由当事人协商解决;不愿协商或者协商不成的,国防专利权人或者利害关系人可以向人民法院起诉,也可以请求国防专利机构处理。

第三十三条 违反本条例规定,泄露国家秘密的,依照《中华人民共和国保守国家秘密法》和国家有关规定处理。

第五章 附 则

第三十四条 向国防专利机构申请国防专利和办理其他手续,应当按照规定缴纳费用。

第三十五条 《中华人民共和国专利法》和《中华人民共和国专利法实施细则》的有关规定适用于国防专利,但本条例有专门规定的依照本条例的规定执行。

第三十六条 本条例自2004年11月1日起施行。1990年7月30日国务院、中央军事委员会批准的《国防专利条例》同时废止。

专利代理条例

(1991年3月4日国务院令第76号发布 2018年11月6日国务院令第706号修订 自2019年3月1日起施行)

第一章 总 则

第一条 为了规范专利代理行为,保障委托人、专利代理机构和专利代理师的合法权益,维护专利代理活动的正常秩序,促进专利代理行业健康发展,根据《中华人民共和国专利法》,制定本条例。

第二条 本条例所称专利代理,是指专利代理机构接受委托,以委托人的名义在代理权限范围内办理专利申请、宣告专利权无效等专利事务的行为。

第三条 任何单位和个人可以自行在国内申请专利和办理其他专利事务,也可以委托依法设立的专利代理机构办理,法律另有规定的除外。

专利代理机构应当按照委托人的委托办理专利事务。

第四条 专利代理机构和专利代理师执业应当遵守法律、行政法规,恪守职业道德、执业纪律,维护委托人的合法权益。

专利代理机构和专利代理师依法执业受法律保护。

第五条 国务院专利行政部门负责全国的专利代理管理工作。

省、自治区、直辖市人民政府管理专利工作的部门负责本行政区域内的专利代理管理工作。

第六条 专利代理机构和专利代理师可以依法成立和参加专利代理行业组织。

专利代理行业组织应当制定专利代理行业自律规范。专利代理行业自律规范不得与法律、行政法规相抵触。

国务院专利行政部门依法对专利代理行业组织进行监督、指导。

第二章 专利代理机构和专利代理师

第七条 专利代理机构的组织形式应当为合伙企业、有限责任公司等。

第八条 合伙企业、有限责任公司形式的专利代理机构从事专利代理业务应当具备下列条件：

（一）有符合法律、行政法规规定的专利代理机构名称；

（二）有书面合伙协议或者公司章程；

（三）有独立的经营场所；

（四）合伙人、股东符合国家有关规定。

第九条 从事专利代理业务，应当向国务院专利行政部门提出申请，提交有关材料，取得专利代理机构执业许可证。国务院专利行政部门应当自受理申请之日起20日内作出是否颁发专利代理机构执业许可证的决定。

专利代理机构合伙人、股东或者法定代表人等事项发生变化的，应当办理变更手续。

第十条 具有高等院校理工科专业专科以上学历的中国公民可以参加全国专利代理师资格考试；考试合格的，由国务院专利行政部门颁发专利代理师资格证。专利代理师资格考试办法由国务院专利行政部门制定。

第十一条 专利代理师执业应当取得专利代理师资格证，在专利代理机构实习满1年，并在一家专利代理机构从业。

第十二条 专利代理师首次执业，应当自执业之日起30日内向专利代理机构所在地省、自治区、直辖市人民政府管理专利工作的部门备案。

省、自治区、直辖市人民政府管理专利工作的部门应当为专利代理师通过互联网备案提供方便。

第三章 专利代理执业

第十三条 专利代理机构可以接受委托，代理专利申请、宣告专利权无效、转让专利申请权或者专利权以及订立专利实施许可合同等专利事务，也可以应当事人要求提供专利事务方面的咨询。

第十四条 专利代理机构接受委托,应当与委托人订立书面委托合同。专利代理机构接受委托后,不得就同一专利申请或者专利权的事务接受有利益冲突的其他当事人的委托。

专利代理机构应当指派在本机构执业的专利代理师承办专利代理业务,指派的专利代理师本人及其近亲属不得与其承办的专利代理业务有利益冲突。

第十五条 专利代理机构解散或者被撤销、吊销执业许可证的,应当妥善处理各种尚未办结的专利代理业务。

第十六条 专利代理师应当根据专利代理机构的指派承办专利代理业务,不得自行接受委托。

专利代理师不得同时在两个以上专利代理机构从事专利代理业务。

专利代理师对其签名办理的专利代理业务负责。

第十七条 专利代理机构和专利代理师对其在执业过程中了解的发明创造的内容,除专利申请已经公布或者公告的以外,负有保守秘密的义务。

第十八条 专利代理机构和专利代理师不得以自己的名义申请专利或者请求宣告专利权无效。

第十九条 国务院专利行政部门和地方人民政府管理专利工作的部门的工作人员离职后,在法律、行政法规规定的期限内不得从事专利代理工作。

曾在国务院专利行政部门或者地方人民政府管理专利工作的部门任职的专利代理师,不得对其审查、审理或者处理过的专利申请或专利案件进行代理。

第二十条 专利代理机构收费应当遵循自愿、公平和诚实信用原则,兼顾经济效益和社会效益。

国家鼓励专利代理机构和专利代理师为小微企业以及无收入或者低收入的发明人、设计人提供专利代理援助服务。

第二十一条 专利代理行业组织应当加强对会员的自律管理,组织开展专利代理师业务培训和职业道德、执业纪律教育,对违反行业自律规范的会员实行惩戒。

第二十二条 国务院专利行政部门和省、自治区、直辖市人民政府管理专利工作的部门应当采取随机抽查等方式,对专利代理机构和专利代理师的执业活动进行检查、监督,发现违反本条例规定的,及时依法予以处理,并向社会公布检查、处理结果。检查不得收取任何费用。

第二十三条 国务院专利行政部门和省、自治区、直辖市人民政府管理专利工作的部门应当加强专利代理公共信息发布,为公众了解专利代理机构经营情况、专利代理师执业情况提供查询服务。

第四章 法 律 责 任

第二十四条 以隐瞒真实情况、弄虚作假手段取得专利代理机构执业许可证、专利代理师资格证的,由国务院专利行政部门撤销专利代理机构执业许可证、专利代理师资格证。

专利代理机构取得执业许可证后,因情况变化不再符合本条例规定的条件的,由国务院专利行政部门责令限期整改;逾期未改正或者整改不合格的,撤销执业许可证。

第二十五条 专利代理机构有下列行为之一的,由省、自治区、直辖市人民政府管理专利工作的部门责令限期改正,予以警告,可以处10万元以下的罚款;情节严重或者逾期未改正的,由国务院专利行政部门责令停止承接新的专利代理业务6个月至12个月,直至吊销专利代理机构执业许可证:

(一)合伙人、股东或者法定代表人等事项发生变化未办理变更手续;

(二)就同一专利申请或者专利权的事务接受有利益冲突的其他当事人的委托;

(三)指派专利代理师承办与其本人或者其近亲属有利益冲突的专利代理业务;

(四)泄露委托人的发明创造内容,或者以自己的名义申请专利或请求宣告专利权无效;

(五)疏于管理,造成严重后果。

专业代理机构在执业过程中泄露委托人的发明创造内容,涉及泄露国家秘密、侵犯商业秘密的,或者向有关行政、司法机关的工作人员行贿,提供虚假证据的,依照有关法律、行政法规的规定承担法律责任;由国务院专利行政部门吊销专利代理机构执业许可证。

第二十六条 专利代理师有下列行为之一的,由省、自治区、直辖市人民政府管理专利工作的部门责令限期改正,予以警告,可以处5万元以下的罚款;情节严重或者逾期未改正的,由国务院专利行政部门责令停止承办新的专利代理业务6个月至12个月,直至吊销专利代理师资格证:

(一)未依照本条例规定进行备案;

(二)自行接受委托办理专利代理业务;

(三)同时在两个以上专利代理机构从事专利代理业务;

(四)违反本条例规定对其审查、审理或者处理过的专利申请或专利案件进行代理;

(五)泄露委托人的发明创造内容,或者以自己的名义申请专利或请求宣告专利权无效。

专利代理师在执业过程中泄露委托人的发明创造内容,涉及泄露国家秘密、侵犯商业秘密的,或者向有关行政、司法机关的工作人员行贿,提供虚假证据的,依照有关法律、行政法规的规定承担法律责任;由国务院专利行政部门吊销专利代理师资格证。

第二十七条 违反本条例规定擅自开展专利代理业务的,由省、自治区、直辖市人民政府管理专利工作的部门责令停止违法行为,没收违法所得,并处违法所得1倍以上5倍以下的罚款。

第二十八条 国务院专利行政部门或者省、自治区、直辖市人民政府管理专利工作的部门的工作人员违反本条例规定,滥用职权、玩忽职守、徇私舞弊的,依法给予处分;构成犯罪的,依法追究刑事责任。

第五章 附 则

第二十九条 外国专利代理机构在中华人民共和国境内设立常驻代表机构,须经国务院专利行政部门批准。

第三十条 律师事务所可以依据《中华人民共和国律师法》、《中华人民共和国民事诉讼法》等法律、行政法规开展与专利有关的业务,但从事代理专利申请、宣告专利权无效业务应当遵守本条例规定,具体办法由国务院专利行政部门商国务院司法行政部门另行制定。

第三十一条 代理国防专利事务的专利代理机构和专利代理师的管理办法,由国务院专利行政部门商国家国防专利机构主管机关另行制定。

第三十二条 本条例自 2019 年 3 月 1 日起施行。

本条例施行前依法设立的专利代理机构以及依法执业的专利代理人,在本条例施行后可以继续以专利代理机构、专利代理师的名义开展专利代理业务。

最高人民法院关于审理专利纠纷案件适用法律问题的若干规定

〔2001 年 6 月 19 日最高人民法院审判委员会第 1180 次会议通过、2001 年 6 月 22 日公布、自 2001 年 7 月 1 日起施行(法释〔2001〕21 号) 根据 2013 年 2 月 25 日最高人民法院审判委员会第 1570 次会议通过、2013 年 4 月 1 日公布、自 2013 年 4 月 15 日起施行的《最高人民法院关于修改〈最高人民法院关于审理专利纠纷案件适用法律问题的若干规定〉的决定》(法释〔2013〕9 号)第一次修正 根据 2015 年 1 月 19 日最高人民法院审判委员会第 1641 次会议通过、2015 年 1 月 29 日公布、自 2015 年 2 月 1 日起施行的《最高人民法院关于修改〈最高人民法院关于审理专利纠纷案件适用法律问题的若干规定〉的决定》(法释〔2015〕4 号)第二次修正 根据 2020 年 12 月 23 日最高人民法院审判委员会第 1823 次会议通过、2020 年 12 月 29 日公布、自 2021 年 1 月 1 日起施行的《最高人民法院关于修改〈最高人民法院关于审理侵犯专利权纠纷案件应用法律若干问题的解释(二)〉等十八件知识产权类司法解释的决定》(法释〔2020〕19 号)第三次修正〕

为了正确审理专利纠纷案件,根据《中华人民共和国民法典》《中华人民共和国专利法》《中华人民共和国民事诉讼法》和《中华人民共和国行政诉讼法》等法律的规定,作如下规定：

第一条 人民法院受理下列专利纠纷案件：

1. 专利申请权权属纠纷案件；
2. 专利权权属纠纷案件；
3. 专利合同纠纷案件；
4. 侵害专利权纠纷案件；
5. 假冒他人专利纠纷案件；
6. 发明专利临时保护期使用费纠纷案件；
7. 职务发明创造发明人、设计人奖励、报酬纠纷案件；
8. 诉前申请行为保全纠纷案件；
9. 诉前申请财产保全纠纷案件；
10. 因申请行为保全损害责任纠纷案件；
11. 因申请财产保全损害责任纠纷案件；
12. 发明创造发明人、设计人署名权纠纷案件；
13. 确认不侵害专利权纠纷案件；
14. 专利权宣告无效后返还费用纠纷案件；
15. 因恶意提起专利权诉讼损害责任纠纷案件；
16. 标准必要专利使用费纠纷案件；
17. 不服国务院专利行政部门维持驳回申请复审决定案件；
18. 不服国务院专利行政部门专利权无效宣告请求决定案件；
19. 不服国务院专利行政部门实施强制许可决定案件；
20. 不服国务院专利行政部门实施强制许可使用费裁决案件；
21. 不服国务院专利行政部门行政复议决定案件；
22. 不服国务院专利行政部门作出的其他行政决定案件；
23. 不服管理专利工作的部门行政决定案件；
24. 确认是否落入专利权保护范围纠纷案件；
25. 其他专利纠纷案件。

第二条 因侵犯专利权行为提起的诉讼,由侵权行为地或者被告住所地人民法院管辖。

侵权行为地包括：被诉侵犯发明、实用新型专利权的产品的制造、使用、许诺销售、销售、进口等行为的实施地；专利方法使用行为的实施地,依照该专利方法直接获得的产品的使用、许诺销售、销售、进口等行为的实施地；外观设计专利产品的制造、许诺销售、销售、进口等行为的实施地；假冒他人专利的行为实施地。上述侵权行为的侵权结果发生地。

第三条 原告仅对侵权产品制造者提起诉讼，未起诉销售者，侵权产品制造地与销售地不一致的，制造地人民法院有管辖权；以制造者与销售者为共同被告起诉的，销售地人民法院有管辖权。

销售者是制造者分支机构，原告在销售地起诉侵权产品制造者制造、销售行为的，销售地人民法院有管辖权。

第四条 对申请日在2009年10月1日前（不含该日）的实用新型专利提起侵犯专利权诉讼，原告可以出具由国务院专利行政部门作出的检索报告；对申请日在2009年10月1日以后的实用新型或者外观设计专利提起侵犯专利权诉讼，原告可以出具由国务院专利行政部门作出的专利权评价报告。根据案件审理需要，人民法院可以要求原告提交检索报告或者专利权评价报告。原告无正当理由不提交的，人民法院可以裁定中止诉讼或者判令原告承担可能的不利后果。

侵犯实用新型、外观设计专利权纠纷案件的被告请求中止诉讼的，应当在答辩期内对原告的专利权提出宣告无效的请求。

第五条 人民法院受理的侵犯实用新型、外观设计专利权纠纷案件，被告在答辩期间内请求宣告该项专利权无效的，人民法院应当中止诉讼，但具备下列情形之一的，可以不中止诉讼：

（一）原告出具的检索报告或者专利权评价报告未发现导致实用新型或者外观设计专利权无效的事由的；

（二）被告提供的证据足以证明其使用的技术已经公知的；

（三）被告请求宣告该项专利权无效所提供的证据或者依据的理由明显不充分的；

（四）人民法院认为不应当中止诉讼的其他情形。

第六条 人民法院受理的侵犯实用新型、外观设计专利权纠纷案件，被告在答辩期间届满后请求宣告该项专利权无效的，人民法院不应当中止诉讼，但经审查认为有必要中止诉讼的除外。

第七条 人民法院受理的侵犯发明专利权纠纷案件或者经国务院专利行政部门审查维持专利权的侵犯实用新型、外观设计专利权纠纷案件，被告在答辩期间内请求宣告该项专利权无效的，人民法院可以不中止诉讼。

第八条 人民法院决定中止诉讼，专利权人或者利害关系人请求责令被告停止有关行为或者采取其他制止侵权损害继续扩大的措施，并提供了担保，人民法院经审查符合有关法律规定的，可以在裁定中止诉讼的同时一并作出有关裁定。

第九条 人民法院对专利权进行财产保全，应当向国务院专利行政部门发出协助执行通知书，载明要求协助执行的事项，以及对专利权保全的期限，并附人民法院作出的裁定书。

对专利权保全的期限一次不得超过六个月，自国务院专利行政部门收到协助执行通知书之日起计算。如果仍然需要对该专利权继续采取保全措施的，人民法院应当在保全期限届满前向国务院专利行政部门另行送达继续保全的协助执行通知书。保全期限届满前未送达的，视为自动解除对该专利权的财产保全。

人民法院对出质的专利权可以采取财产保全措施，质权人的优先受偿权不受保全措施的影响；专利权人与被许可人已经签订的独占实施许可合同，不影响人民法院对该专利权进行财产保全。

人民法院对已经进行保全的专利权，不得重复进行保全。

第十条 2001年7月1日以前利用本单位的物质技术条件所完成的发明创造，单位与发明人或者设计人订有合同，对申请专利的权利和专利权的归属作出约定的，从其约定。

第十一条 人民法院受理的侵犯专利权纠纷案件，涉及权利冲突的，应当保护在先依法享有权利的当事人的合法权益。

第十二条 专利法第二十三条第三款所称的合法权利，包括就作品、商标、地理标志、姓名、企业名称、肖像，以及有一定影响的商品名称、包装、装潢等享有的合法权利或者权益。

第十三条 专利法第五十九条第一款所称的"发明或者实用新型专利权的保护范围以其权利要求的内容为准，说明书及附图可以用于解释权利要求的内容"，是指专利权的保护范围应当以权利要求记载的全部技术特征所确定的范围为准，也包括与该技术特征相等同的特征所确定的范围。

等同特征，是指与所记载的技术特征以基本相同的手段，实现基本相同的功能，达到基本相同的效果，并且本领域普通技术人员在被诉侵权行为发生时无需经过创造性劳动就能够联想到的特征。

第十四条 专利法第六十五条规定的权利人因被侵权所受到的实际损失可以根据专利权人的专利产品因侵权所造成销售量减少的总数乘以每件专利产品的合理利润所得之积计算。权利人销售量减少的总数难以确定的，侵权产品在市场上销售的总数乘以每件专利产品的合理利润所得之积可以视为权利人因被侵权所受到的实际损失。

专利法第六十五条规定的侵权人因侵权所获得的利益可以根据该侵权产品在市场上销售的总数乘以每件侵权产品的合理利润所得之积计算。侵权人因侵权所获得的利益一般按照侵权人的营业利润计算，对于完全以侵权为业的侵权人，可以按照销售利润计算。

第十五条 权利人的损失或者侵权人获得的利益难以确定，有专利许可使用费可以参照的，人民法院可以根据专利权的类型、侵权行为的性质和情节、专利许可的性质、范围、时间等因素，参照该专利许可使用费的倍数合理确定赔偿数额；没有专利许可使用费可以参照或者专利许可使用费明显不合理的，人民法院可以根据专利权的类型、侵权行为的性质和情节等因素，依照专利法第六十五条第二款的规定确定赔偿数额。

第十六条 权利人主张其为制止侵权行为所支付合理开支的，人民法院可以在专利法第六十五条确定的赔偿数额之外另行计算。

第十七条 侵犯专利权的诉讼时效为三年，自专利权人或者利害关系人知道或者应当知道权利受到损害以及义务人之日起计算。权利人超过三年起诉的，如果侵权行为在起诉时仍在继续，在该项专利权有效期内，人民法院应当判决被告停止侵权行为，侵权损害赔偿数额应当自权利人向人民法院起诉之日起向前推算三年计算。

第十八条 专利法第十一条、第六十九条所称的许诺销售，是指以做广告、在商店橱窗中陈列或者在展销会上展出等方式作出销售商品的意思表示。

第十九条 人民法院受理的侵犯专利权纠纷案件，已经过管理专利工作的部门作出侵权或者不侵权认定的，人民法院仍应当就当事人的诉讼请求进行全面审查。

第二十条 以前的有关司法解释与本规定不一致的，以本规定为准。

最高人民法院关于审理侵犯专利权纠纷案件应用法律若干问题的解释

（2009年12月21日最高人民法院审判委员会第1480次会议通过 2009年12月28日公布 法释〔2009〕21号 自2010年1月1日起施行）

为正确审理侵犯专利权纠纷案件，根据《中华人民共和国专利法》、《中华人民共和国民事诉讼法》等有关法律规定，结合审判实际，制定本解释。

第一条 人民法院应当根据权利人主张的权利要求，依据专利法第五十九条第一款的规定确定专利权的保护范围。权利人在一审法庭辩论终结前变更其主张的权利要求的，人民法院应当准许。

权利人主张以从属权利要求确定专利权保护范围的，人民法院应当以该从属权利要求记载的附加技术特征及其引用的权利要求记载的技术特征，确定专利权的保护范围。

第二条 人民法院应当根据权利要求的记载，结合本领域普通技术人员阅读说明书及附图后对权利要求的理解，确定专利法第五十九条第一款规定的权利要求的内容。

第三条 人民法院对于权利要求，可以运用说明书及附图、权利要求书中的相关权利要求、专利审查档案进行解释。说明书对权利要求用语有特别界定的，从其特别界定。

以上述方法仍不能明确权利要求含义的，可以结合工具书、教科书等公知文献以及本领域普通技术人员的通常理解进行解释。

第四条 对于权利要求中以功能或者效果表述的技术特征，人民法院应当结合说明书和附图描述的该功能或者效果的具体实施方式及其等同的实施方式,确定该技术特征的内容。

第五条 对于仅在说明书或者附图中描述而在权利要求中未记载的技术方案,权利人在侵犯专利权纠纷案件中将其纳入专利权保护范围的,人民法院不予支持。

第六条 专利申请人、专利权人在专利授权或者无效宣告程序中,通过对权利要求、说明书的修改或者意见陈述而放弃的技术方案,权利人在侵犯专利权纠纷案件中又将其纳入专利权保护范围的,人民法院不予支持。

第七条 人民法院判定被诉侵权技术方案是否落入专利权的保护范围,应当审查权利人主张的权利要求所记载的全部技术特征。

被诉侵权技术方案包含与权利要求记载的全部技术特征相同或者等同的技术特征的,人民法院应当认定其落入专利权的保护范围;被诉侵权技术方案的技术特征与权利要求记载的全部技术特征相比,缺少权利要求记载的一个以上的技术特征,或者有一个以上技术特征不相同也不等同的,人民法院应当认定其没有落入专利权的保护范围。

第八条 在与外观设计专利产品相同或者相近种类产品上,采用与授权外观设计相同或者近似的外观设计的,人民法院应当认定被诉侵权设计落入专利法第五十九条第二款规定的外观设计专利权的保护范围。

第九条 人民法院应当根据外观设计产品的用途,认定产品种类是否相同或者相近。确定产品的用途,可以参考外观设计的简要说明、国际外观设计分类表、产品的功能以及产品销售、实际使用的情况等因素。

第十条 人民法院应当以外观设计专利产品的一般消费者的知识水平和认知能力,判断外观设计是否相同或者近似。

第十一条 人民法院认定外观设计是否相同或者近似时,应当根据授权外观设计、被诉侵权设计的设计特征,以外观设计的整体视觉效果进行综合判断;对于主要由技术功能决定的设计特征以及对整体视觉效果不产生影响的产品的材料、内部结构等特征,应当不予考虑。

下列情形,通常对外观设计的整体视觉效果更具有影响:

(一)产品正常使用时容易被直接观察到的部位相对于其他部位;

(二)授权外观设计区别于现有设计的设计特征相对于授权外观设计的其他设计特征。

被诉侵权设计与授权外观设计在整体视觉效果上无差异的,人民法院应当认定两者相同;在整体视觉效果上无实质性差异的,应当认定两者近似。

第十二条 将侵犯发明或者实用新型专利权的产品作为零部件,制造另一产品的,人民法院应当认定属于专利法第十一条规定的使用行为;销售该另一产品的,人民法院应当认定属于专利法第十一条规定的销售行为。

将侵犯外观设计专利权的产品作为零部件,制造另一产品并销售的,人民法院应当认定属于专利法第十一条规定的销售行为,但侵犯外观设计专利权的产品在该另一产品中仅具有技术功能的除外。

对于前两款规定的情形,被诉侵权人之间存在分工合作的,人民法院应当认定为共同侵权。

第十三条 对于使用专利方法获得的原始产品,人民法院应当认定为专利法第十一条规定的依照专利方法直接获得的产品。

对于将上述原始产品进一步加工、处理而获得后续产品的行为,人民法院应当认定属于专利法第十一条规定的使用依照该专利方法直接获得的产品。

第十四条 被诉落入专利权保护范围的全部技术特征,与一项现有技术方案中的相应技术特征相同或者无实质性差异的,人民法院应当认定被诉侵权人实施的技术属于专利法第六十二条规定的现有技术。

被诉侵权设计与一个现有设计相同或者无实质性差异的,人民法院应当认定被诉侵权人实施的设计属于专利法第六十二条规定的现有设计。

第十五条 被诉侵权人以非法获得的技术或者设计主张先用权抗辩的,人民法院不予支持。

有下列情形之一的,人民法院应当认定属于专利法第六十九条第(二)项规定的已经作好制造、使用的必要准备:

(一)已经完成实施发明创造所必需的主要技术图纸或者工艺文件;

(二)已经制造或者购买实施发明创造所必需的主要设备或者原材料。

专利法第六十九条第(二)项规定的原有范围,包括专利申请日前已有的生产规模以及利用已有的生产设备或者根据已有的生产准备可以达到的生产规模。

先用权人在专利申请日后将其已经实施或作好实施必要准备的技术或设计转让或者许可他人实施,被诉侵权人主张该实施行为属于在原有范围内继续实施的,人民法院不予支持,但该技术或设计与原有企业一并转让或者承继的除外。

第十六条 人民法院依据专利法第六十五条第一款的规定确定侵权人因侵权所获得的利益,应当限于侵权人因侵犯专利权行为所获得的利益;因其他权利所产生的利益,应当合理扣除。

侵犯发明、实用新型专利权的产品系另一产品的零部件的,人民法院应当根据该零部件本身的价值及其在实现成品利润中的作用等因素合理确定赔偿数额。

侵犯外观设计专利权的产品为包装物的,人民法院应当按照包装物本身的价值及其在实现被包装产品利润中的作用等因素合理确定赔偿数额。

第十七条 产品或者制造产品的技术方案在专利申请日以前为国内外公众所知的,人民法院应当认定该产品不属于专利法第六十一条第一款规定的新产品。

第十八条 权利人向他人发出侵犯专利权的警告,被警告人或者利害关系人经书面催告权利人行使诉权,自权利人收到该书面催告之日起一个月内或者自书面催告发出之日起二个月内,权利人不撤回警告也不提起诉讼,被警告人或者利害关系人向人民法院提起请求确认其行为不侵犯专利权的诉讼的,人民法院应当受理。

第十九条 被诉侵犯专利权行为发生在2009年10月1日以前的,人民法院适用修改前的专利法;发生在2009年10月1日以后的,人民法院适用修改后的专利法。

被诉侵犯专利权行为发生在2009年10月1日以前且持续到2009年10月1日以后,依据修改前和修改后的专利法的规定侵权人均应承担赔偿责任的,人民法院适用修改后的专利法确定赔偿数额。

第二十条 本院以前发布的有关司法解释与本解释不一致的,以本解释为准。

最高人民法院关于审理侵犯专利权纠纷案件应用法律若干问题的解释(二)

[2016年1月25日最高人民法院审判委员会第1676次会议通过、2016年3月21日公布、自2016年4月1日起施行(法释〔2016〕1号) 根据2020年12月23日最高人民法院审判委员会第1823次会议通过、2020年12月29日公布、自2021年1月1日起施行的《最高人民法院关于修改〈最高人民法院关于审理侵犯专利权纠纷案件应用法律若干问题的解释(二)〉等十八件知识产权类司法解释的决定》(法释〔2020〕19号)修正]

为正确审理侵犯专利权纠纷案件,根据《中华人民共和国民法典》《中华人民共和国专利法》《中华人民共和国民事诉讼法》等有关法律规定,结合审判实践,制定本解释。

第一条 权利要求书有两项以上权利要求的,权利人应当在起诉状中载明据以起诉被诉侵权人侵犯其专利权的权利要求。起诉状对此未记载或者记载不明的,人民法院应当要求权利人明确。经释明,权利人仍不予明确的,人民法院可以裁定驳回起诉。

第二条 权利人在专利侵权诉讼中主张的权利要求被国务院专利行政部门宣告无效的,审理侵犯专利权纠纷案件的人民法院可以裁定驳回权利人基于该无效权利要求的起诉。

有证据证明宣告上述权利要求无效的决定被生效的行政判决撤销的,权利人可以另行起诉。

专利权人另行起诉的,诉讼时效期间从本条第二款所称行政判决书送达之日起计算。

第三条 因明显违反专利法第二十六条第三款、第四款导致说明书无法用于解释权利要求,且不属于本解释第四条规定的情形,专利权因此被请求宣告无效的,审理侵犯专利权纠纷案件的人民法院一般应当裁定中止诉讼;在合理期限内专利权未被请求宣告无效的,人民法院可以根据权利要求的记载确定专利权的保护范围。

第四条 权利要求书、说明书及附图中的语法、文字、标点、图形、符号等存有歧义,但本领域普通技术人员通过阅读权利要求书、说明书及附图可以得出唯一理解的,人民法院应当根据该唯一理解予以认定。

第五条 在人民法院确定专利权的保护范围时,独立权利要求的前序部分、特征部分以及从属权利要求的引用部分、限定部分记载的技术特征均有限定作用。

第六条 人民法院可以运用与涉案专利存在分案申请关系的其他专利及其专利审查档案、生效的专利授权确权裁判文书解释涉案专利的权利要求。

专利审查档案,包括专利审查、复审、无效程序中专利申请人或者专利权人提交的书面材料,国务院专利行政部门制作的审查意见通知书、会晤记录、口头审理记录、生效的专利复审请求审查决定书和专利权无效宣告请求审查决定书等。

第七条 被诉侵权技术方案在包含封闭式组合物权利要求全部技术特征的基础上增加其他技术特征的,人民法院应当认定被诉侵权技术方案未落入专利权的保护范围,但该增加的技术特征属于不可避免的常规数量杂质的除外。

前款所称封闭式组合物权利要求,一般不包括中药组合物权利要求。

第八条 功能性特征,是指对于结构、组分、步骤、条件或其之间的关系等,通过其在发明创造中所起的功能或者效果进行限定的技术特征,但本领域普通技术人员仅通过阅读权利要求即可直接、明确地确定实现上述功能或者效果的具体实施方式的除外。

与说明书及附图记载的实现前款所称功能或者效果不可缺少的技术特征相比,被诉侵权技术方案的相应技术特征是以基本相同的手段,实现相同的功能,达到相同的效果,且本领域普通技术人员在被诉侵权行为发生时无需经过创造性劳动就能够联想到的,人民法院应当认定该相应技术特征与功能性特征相同或者等同。

第九条 被诉侵权技术方案不能适用于权利要求中使用环境特征所限定的使用环境的,人民法院应当认定被诉侵权技术方案未落入专利权的保护范围。

第十条 对于权利要求中以制备方法界定产品的技术特征,被诉侵权产品的制备方法与其不相同也不等同的,人民法院应当认定被诉侵权技术方案未落入专利权的保护范围。

第十一条 方法权利要求未明确记载技术步骤的先后顺序,但本领域普通技术人员阅读权利要求书、说明书及附图后直接、明确地认为该技术步骤应当按照特定顺序实施的,人民法院应当认定该步骤顺序对于专利权的保护范围具有限定作用。

第十二条 权利要求采用"至少""不超过"等用语对数值特征进行界定,且本领域普通技术人员阅读权利要求书、说明书及附图后认为专利技术方案特别强调该用语对技术特征的限定作用,权利人主张与其不相同的数值特征属于等同特征的,人民法院不予支持。

第十三条 权利人证明专利申请人、专利权人在专利授权确权程序中对权利要求书、说明书及附图的限缩性修改或者陈述被明确否定的,人民法院应当认定该修改或者陈述未导致技术方案的放弃。

第十四条 人民法院在认定一般消费者对于外观设计所具有的知识水平和认知能力时,一般应当考虑被诉侵权行为发生时授权外观设计所属相同或者相近种类产品的设计空间。设计空间较大的,人民法院可以认定一般消费者通常不容易注意到不同设计之间的较小区别;设计空间较小的,人民法院可以认定一般消费者通常更容易注意到不同设计之间的较小区别。

第十五条 对于成套产品的外观设计专利,被诉侵权设计与其一项外观设计相同或者近似的,人民法院应当认定被诉侵权设计落入专利权的保护范围。

第十六条 对于组装关系唯一的组件产品的外观设计专利,被诉侵权设计与其组合状态下的外观设计相同或者近似的,人民法院应当认定被诉侵权设计落入专利权的保护范围。

对于各构件之间无组装关系或者组装关系不唯一的组件产品的外观设计专利,被诉侵权设计与其全部单个构件的外观设计均相同或者近似的,人民法院应当认定被诉侵权设计落入专利权的保护范围;被诉侵权设计缺少其单个构件的外观设计或者与之不相同也不近似的,人民法院应当认定被诉侵权设计未落入专利权的保护范围。

第十七条 对于变化状态产品的外观设计专利,被诉侵权设计与变化状态图所示各种使用状态下的外观设计均相同或者近似的,人民法院应当认定被诉侵权设计落入专利权的保护范围;被诉侵权设计缺少其一种使用状态下的外观设计或者与之不相同也不近似的,人民法院应当认定被诉侵权设计未落入专利权的保护范围。

第十八条 权利人依据专利法第十三条诉请在发明专利申请公布日至授权公告日期间实施该发明的单位或者个人支付适当费用的,人民法院可以参照有关专利许可使用费合理确定。

发明专利申请公布时申请人请求保护的范围与发明专利公告授权时的专利权保护范围不一致,被诉技术方案均落入上述两种范围的,人民法院应当认定被告在前款所称期间内实施了该发明;被诉技术方案仅落入其中一种范围的,人民法院应当认定被告在前款所称期间内未实施该发明。

发明专利公告授权后,未经专利权人许可,为生产经营目的使用、许诺销售、销售在本条第一款所称期间内已由他人制造、销售、进口的产品,且该他人已支付或者书面承诺支付专利法第十三条规定的适当费用的,对于权利人关于上述使用、许诺销售、销售行为侵犯专利权的主张,人民法院不予支持。

第十九条 产品买卖合同依法成立的,人民法院应当认定属于专利法第十一条规定的销售。

第二十条 对于将依照专利方法直接获得的产品进一步加工、处理而获得的后续产品,进行再加工、处理的,人民法院应当认定不属于专利法第十一条规定的"使用依照该专利方法直接获得的产品"。

第二十一条 明知有关产品系专门用于实施专利的材料、设备、零部件、中间物等,未经专利权人许可,为生产经营目的将该产品提供给他人实施了侵犯专利权的行为,权利人主张该提供者的行为属于民法典第一千一百六十九条规定的帮助他人实施侵权行为的,人民法院应予支持。

明知有关产品、方法被授予专利权,未经专利权人许可,为生产经营目的积极诱导他人实施了侵犯专利权的行为，权利人主张该诱导者的行为属于民法典第一千一百六十九条规定的教唆他人实施侵权行为的，人民法院应予支持。

第二十二条 对于被诉侵权人主张的现有技术抗辩或者现有设计抗辩，人民法院应当依照专利申请日时施行的专利法界定现有技术或者现有设计。

第二十三条 被诉侵权技术方案或者外观设计落入在先的涉案专利权的保护范围，被诉侵权人以其技术方案或者外观设计被授予专利权为由抗辩不侵犯涉案专利权的，人民法院不予支持。

第二十四条 推荐性国家、行业或者地方标准明示所涉必要专利的信息，被诉侵权人以实施该标准无需专利权人许可为由抗辩不侵犯该专利权的，人民法院一般不予支持。

推荐性国家、行业或者地方标准明示所涉必要专利的信息，专利权人、被诉侵权人协商该专利的实施许可条件时，专利权人故意违反其在标准制定中承诺的公平、合理、无歧视的许可义务，导致无法达成专利实施许可合同，且被诉侵权人在协商中无明显过错的，对于权利人请求停止标准实施行为的主张，人民法院一般不予支持。

本条第二款所称实施许可条件，应当由专利权人、被诉侵权人协商确定。经充分协商，仍无法达成一致的，可以请求人民法院确定。人民法院在确定上述实施许可条件时，应当根据公平、合理、无歧视的原则，综合考虑专利的创新程度及其在标准中的作用、标准所属的技术领域、标准的性质、标准实施的范围和相关的许可条件等因素。

法律、行政法规对实施标准中的专利另有规定的，从其规定。

第二十五条 为生产经营目的使用、许诺销售或者销售不知道是未经专利权人许可而制造并售出的专利侵权产品，且举证证明该产品合法来源的，对于权利人请求停止上述使用、许诺销售、销售行为的主张，人民法院应予支持，但被诉侵权产品的使用者举证证明其已支付该产品的合理对价的除外。

本条第一款所称不知道，是指实际不知道且不应当知道。

本条第一款所称合法来源，是指通过合法的销售渠道、通常的买卖合同等正常商业方式取得产品。对于合法来源，使用者、许诺销售者或者销售者应当提供符合交易习惯的相关证据。

第二十六条 被告构成对专利权的侵犯，权利人请求判令其停止侵权行为的,人民法院应予支持,但基于国家利益、公共利益的考量,人民法院可以不判令被告停止被诉行为,而判令其支付相应的合理费用。

第二十七条 权利人因被侵权所受到的实际损失难以确定的,人民法院应当依照专利法第六十五条第一款的规定,要求权利人对侵权人因侵权所获得的利益进行举证;在权利人已经提供侵权人所获利益的初步证据,而与专利侵权行为相关的账簿、资料主要由侵权人掌握的情况下,人民法院可以责令侵权人提供该账簿、资料;侵权人无正当理由拒不提供或者提供虚假的账簿、资料的,人民法院可以根据权利人的主张和提供的证据认定侵权人因侵权所获得的利益。

第二十八条 权利人、侵权人依法约定专利侵权的赔偿数额或者赔偿计算方法,并在专利侵权诉讼中主张依据该约定确定赔偿数额的,人民法院应予支持。

第二十九条 宣告专利权无效的决定作出后,当事人根据该决定依法申请再审,请求撤销专利权无效宣告前人民法院作出但未执行的专利侵权的判决、调解书的,人民法院可以裁定中止再审审查,并中止原判决、调解书的执行。

专利权人向人民法院提供充分、有效的担保,请求继续执行前款所称判决、调解书的,人民法院应当继续执行;侵权人向人民法院提供充分、有效的反担保,请求中止执行的,人民法院应当准许。人民法院生效裁判未撤销宣告专利权无效的决定的,专利权人应当赔偿因继续执行给对方造成的损失;宣告专利权无效的决定被人民法院生效裁判撤销,专利权仍有效的,人民法院可以依据前款所称判决、调解书直接执行上述反担保财产。

第三十条 在法定期限内对宣告专利权无效的决定不向人民法院起诉或者起诉后生效裁判未撤销该决定,当事人根据该决定依法申请再审,请求撤销宣告专利权无效前人民法院作出但未执行的专利侵权的判决、调解书的,人民法院应当再审。当事人根据该决定,依法申请终结执行宣告专利权无效前人民法院作出但未执行的专利侵权的判决、调解书的,人民法院应当裁定终结执行。

第三十一条 本解释自2016年4月1日起施行。最高人民法院以前发布的相关司法解释与本解释不一致的,以本解释为准。

专利优先审查管理办法

(2017年6月27日国家知识产权局令第76号公布
自2017年8月1日起施行)

第一条 为了促进产业结构优化升级,推进国家知识产权战略实施和知识产权强国建设,服务创新驱动发展,完善专利审查程序,根据《中华人民共和国专利法》和《中华人民共和国专利法实施细则》(以下简称专利法实施细则)的有关规定,制定本办法。

第二条 下列专利申请或者案件的优先审查适用本办法:
(一)实质审查阶段的发明专利申请;
(二)实用新型和外观设计专利申请;
(三)发明、实用新型和外观设计专利申请的复审;
(四)发明、实用新型和外观设计专利的无效宣告。

依据国家知识产权局与其他国家或者地区专利审查机构签订的双边或者多边协议开展优先审查的,按照有关规定处理,不适用本办法。

第三条 有下列情形之一的专利申请或者专利复审案件,可以请求优先审查:
(一)涉及节能环保、新一代信息技术、生物、高端装备制造、新能源、新材料、新能源汽车、智能制造等国家重点发展产业;
(二)涉及各省级和设区的市级人民政府重点鼓励的产业;
(三)涉及互联网、大数据、云计算等领域且技术或者产品更新速度快;
(四)专利申请人或者复审请求人已经做好实施准备或者已经开始实施,或者有证据证明他人正在实施其发明创造;
(五)就相同主题首次在中国提出专利申请又向其他国家或者地区提出

申请的该中国首次申请；

（六）其他对国家利益或者公共利益具有重大意义需要优先审查。

第四条 有下列情形之一的无效宣告案件，可以请求优先审查：

（一）针对无效宣告案件涉及的专利发生侵权纠纷，当事人已请求地方知识产权局处理、向人民法院起诉或者请求仲裁调解组织仲裁调解；

（二）无效宣告案件涉及的专利对国家利益或者公共利益具有重大意义。

第五条 对专利申请、专利复审案件提出优先审查请求，应当经全体申请人或者全体复审请求人同意；对无效宣告案件提出优先审查请求，应当经无效宣告请求人或者全体专利权人同意。

处理、审理涉案专利侵权纠纷的地方知识产权局、人民法院或者仲裁调解组织可以对无效宣告案件提出优先审查请求。

第六条 对专利申请、专利复审案件、无效宣告案件进行优先审查的数量，由国家知识产权局根据不同专业技术领域的审查能力、上一年度专利授权量以及本年度待审案件数量等情况确定。

第七条 请求优先审查的专利申请或者专利复审案件应当采用电子申请方式。

第八条 申请人提出发明、实用新型、外观设计专利申请优先审查请求的，应当提交优先审查请求书、现有技术或者现有设计信息材料和相关证明文件；除本办法第三条第五项的情形外，优先审查请求书应当由国务院相关部门或者省级知识产权局签署推荐意见。

当事人提出专利复审、无效宣告案件优先审查请求的，应当提交优先审查请求书和相关证明文件；除在实质审查或者初步审查程序中已经进行优先审查的专利复审案件外，优先审查请求书应当由国务院相关部门或者省级知识产权局签署推荐意见。

地方知识产权局、人民法院、仲裁调解组织提出无效宣告案件优先审查请求的，应当提交优先审查请求书并说明理由。

第九条 国家知识产权局受理和审核优先审查请求后，应当及时将审核意见通知优先审查请求人。

第十条 国家知识产权局同意进行优先审查的，应当自同意之日起，在以下期限内结案；

（一）发明专利申请在四十五日内发出第一次审查意见通知书，并在一年内结案；

（二）实用新型和外观设计专利申请在两个月内结案；

（三）专利复审案件在七个月内结案；

（四）发明和实用新型专利无效宣告案件在五个月内结案，外观设计专利无效宣告案件在四个月内结案。

第十一条 对于优先审查的专利申请，申请人应当尽快作出答复或者补正。申请人答复发明专利审查意见通知书的期限为通知书发文日起两个月，申请人答复实用新型和外观设计专利审查意见通知书的期限为通知书发文日起十五日。

第十二条 对于优先审查的专利申请，有下列情形之一的，国家知识产权局可以停止优先审查程序，按普通程序处理，并及时通知优先审查请求人：

（一）优先审查请求获得同意后，申请人根据专利法实施细则第五十一条第一、二款对申请文件提出修改；

（二）申请人答复期限超过本办法第十一条规定的期限；

（三）申请人提交虚假材料；

（四）在审查过程中发现为非正常专利申请。

第十三条 对于优先审查的专利复审或者无效宣告案件，有下列情形之一的，专利复审委员会可以停止优先审查程序，按普通程序处理，并及时通知优先审查请求人：

（一）复审请求人延期答复；

（二）优先审查请求获得同意后，无效宣告请求人补充证据和理由；

（三）优先审查请求获得同意后，专利权人以删除以外的方式修改权利要求书；

（四）专利复审或者无效宣告程序被中止；

（五）案件审理依赖于其他案件的审查结论；

（六）疑难案件，并经专利复审委员会主任批准。

第十四条 本办法由国家知识产权局负责解释。

第十五条 本办法自 2017 年 8 月 1 日起施行。2012 年 8 月 1 日起施行的《发明专利申请优先审查管理办法》同时废止。

专利实施强制许可办法

(2012年3月15日国家知识产权局令第64号公布
自2012年5月1日起施行)

第一章 总 则

第一条 为了规范实施发明专利或者实用新型专利的强制许可(以下简称强制许可)的给予、费用裁决和终止程序,根据《中华人民共和国专利法》(以下简称专利法)、《中华人民共和国专利法实施细则》及有关法律法规,制定本办法。

第二条 国家知识产权局负责受理和审查强制许可请求、强制许可使用费裁决请求和终止强制许可请求并作出决定。

第三条 请求给予强制许可、请求裁决强制许可使用费和请求终止强制许可,应当使用中文以书面形式办理。

依照本办法提交的各种证件、证明文件是外文的,国家知识产权局认为必要时,可以要求当事人在指定期限内附送中文译文;期满未附送的,视为未提交该证件、证明文件。

第四条 在中国没有经常居所或者营业所的外国人、外国企业或者外国其他组织办理强制许可事务的,应当委托依法设立的专利代理机构办理。

当事人委托专利代理机构办理强制许可事务的,应当提交委托书,写明委托权限。一方当事人有两个以上且未委托专利代理机构的,除另有声明外,以提交的书面文件中指明的第一当事人为该方代表人。

第二章　强制许可请求的提出与受理

第五条　专利权人自专利权被授予之日起满3年,且自提出专利申请之日起满4年,无正当理由未实施或者未充分实施其专利的,具备实施条件的单位或者个人可以根据专利法第四十八条第一项的规定,请求给予强制许可。

专利权人行使专利权的行为被依法认定为垄断行为的,为消除或者减少该行为对竞争产生的不利影响,具备实施条件的单位或者个人可以根据专利法第四十八条第二项的规定,请求给予强制许可。

第六条　在国家出现紧急状态或者非常情况时,或者为了公共利益的目的,国务院有关主管部门可以根据专利法第四十九条的规定,建议国家知识产权局给予其指定的具备实施条件的单位强制许可。

第七条　为了公共健康目的,具备实施条件的单位可以根据专利法第五十条的规定,请求给予制造取得专利权的药品并将其出口到下列国家或者地区的强制许可:

（一）最不发达国家或者地区;

（二）依照有关国际条约通知世界贸易组织表明希望作为进口方的该组织的发达成员或者发展中成员。

第八条　一项取得专利权的发明或者实用新型比前已经取得专利权的发明或者实用新型具有显著经济意义的重大技术进步,其实施又有赖于前一发明或者实用新型的实施的,该专利权人可以根据专利法第五十一条的规定请求给予实施前一专利的强制许可。国家知识产权局给予实施前一专利的强制许可的,前一专利权人也可以请求给予实施后一专利的强制许可。

第九条　请求给予强制许可的,应当提交强制许可请求书,写明下列各项:

（一）请求人的姓名或者名称、地址、邮政编码、联系人及电话;

（二）请求人的国籍或者注册的国家或者地区;

（三）请求给予强制许可的发明专利或者实用新型专利的名称、专利号、申请日、授权公告日,以及专利权人的姓名或者名称;

（四）请求给予强制许可的理由和事实、期限;

（五）请求人委托专利代理机构的，受托机构的名称、机构代码以及该机构指定的代理人的姓名、执业证号码、联系电话；

（六）请求人的签字或者盖章；委托专利代理机构的，还应当有该机构的盖章；

（七）附加文件清单；

（八）其他需要注明的事项。

请求书及其附加文件应当一式两份。

第十条 强制许可请求涉及两个或者两个以上的专利权人的，请求人应当按专利权人的数量提交请求书及其附加文件副本。

第十一条 根据专利法第四十八条第一项或者第五十一条的规定请求给予强制许可的，请求人应当提供证据，证明其以合理的条件请求专利权人许可其实施专利，但未能在合理的时间内获得许可。

根据专利法第四十八条第二项的规定请求给予强制许可的，请求人应当提交已经生效的司法机关或者反垄断执法机构依法将专利权人行使专利权的行为认定为垄断行为的判决或者决定。

第十二条 国务院有关主管部门根据专利法第四十九条建议给予强制许可的，应当指明下列各项：

（一）国家出现紧急状态或者非常情况，或者为了公共利益目的需要给予强制许可；

（二）建议给予强制许可的发明专利或者实用新型专利的名称、专利号、申请日、授权公告日，以及专利权人的姓名或者名称；

（三）建议给予强制许可的期限；

（四）指定的具备实施条件的单位名称、地址、邮政编码、联系人及电话；

（五）其他需要注明的事项。

第十三条 根据专利法第五十条的规定请求给予强制许可的，请求人应当提供进口方及其所需药品和给予强制许可的有关信息。

第十四条 强制许可请求有下列情形之一的，不予受理并通知请求人：

（一）请求给予强制许可的发明专利或者实用新型专利的专利号不明确或者难以确定；

（二）请求文件未使用中文；

（三）明显不具备请求强制许可的理由；

(四)请求给予强制许可的专利权已经终止或者被宣告无效。

第十五条 请求文件不符合本办法第四条、第九条、第十条规定的,请求人应当自收到通知之日起15日内进行补正。期满未补正的,该请求视为未提出。

第十六条 国家知识产权局受理强制许可请求的,应当及时将请求书副本送交专利权人。除另有指定的外,专利权人应当自收到通知之日起15日内陈述意见;期满未答复的,不影响国家知识产权局作出决定。

第三章 强制许可请求的审查和决定

第十七条 国家知识产权局应当对请求人陈述的理由、提供的信息和提交的有关证明文件以及专利权人陈述的意见进行审查;需要实地核查的,应当指派两名以上工作人员实地核查。

第十八条 请求人或者专利权人要求听证的,由国家知识产权局组织听证。

国家知识产权局应当在举行听证7日前通知请求人、专利权人和其他利害关系人。

除涉及国家秘密、商业秘密或者个人隐私外,听证公开进行。

举行听证时,请求人、专利权人和其他利害关系人可以进行申辩和质证。

举行听证时应当制作听证笔录,交听证参加人员确认无误后签字或者盖章。

根据专利法第四十九条或者第五十条的规定建议或者请求给予强制许可的,不适用听证程序。

第十九条 请求人在国家知识产权局作出决定前撤回其请求的,强制许可请求的审查程序终止。

在国家知识产权局作出决定前,请求人与专利权人订立了专利实施许可合同的,应当及时通知国家知识产权局,并撤回其强制许可请求。

第二十条 经审查认为强制许可请求有下列情形之一的,国家知识产权局应当作出驳回强制许可请求的决定:

(一)请求人不符合本办法第四条、第五条、第七条或者第八条的规定;

(二)请求给予强制许可的理由不符合专利法第四十八条、第五十条或

者第五十一条的规定;

(三)强制许可请求涉及的发明创造是半导体技术的,其理由不符合专利法第五十二条的规定;

(四)强制许可请求不符合本办法第十一条或者第十三条的规定;

(五)请求人陈述的理由、提供的信息或者提交的有关证明文件不充分或者不真实。

国家知识产权局在作出驳回强制许可请求的决定前,应当通知请求人拟作出的决定及其理由。除另有指定的外,请求人可以自收到通知之日起15日内陈述意见。

第二十一条 经审查认为请求给予强制许可的理由成立的,国家知识产权局应当作出给予强制许可的决定。在作出给予强制许可的决定前,应当通知请求人和专利权人拟作出的决定及其理由。除另有指定的外,双方当事人可以自收到通知之日起15日内陈述意见。

国家知识产权局根据专利法第四十九条作出给予强制许可的决定前,应当通知专利权人拟作出的决定及其理由。

第二十二条 给予强制许可的决定应当写明下列各项:

(一)取得强制许可的单位或者个人的名称或者姓名、地址;

(二)被给予强制许可的发明专利或者实用新型专利的名称、专利号、申请日及授权公告日;

(三)给予强制许可的范围和期限;

(四)决定的理由、事实和法律依据;

(五)国家知识产权局的印章及负责人签字;

(六)决定的日期;

(七)其他有关事项。

给予强制许可的决定应当自作出之日起5日内通知请求人和专利权人。

第二十三条 国家知识产权局根据专利法第五十条作出给予强制许可的决定的,还应当在该决定中明确下列要求:

(一)依据强制许可制造的药品数量不得超过进口方所需的数量,并且必须全部出口到该进口方;

(二)依据强制许可制造的药品应当采用特定的标签或者标记明确注明该药品是依据强制许可而制造的;在可行并且不会对药品价格产生显著影响

的情况下,应当对药品本身采用特殊的颜色或者形状,或者对药品采用特殊的包装;

(三)药品装运前,取得强制许可的单位应当在其网站或者世界贸易组织的有关网站上发布运往进口方的药品数量以及本条第二项所述的药品识别特征等信息。

第二十四条　国家知识产权局根据专利法第五十条作出给予强制许可的决定的,由国务院有关主管部门将下列信息通报世界贸易组织:

(一)取得强制许可的单位的名称和地址;
(二)出口药品的名称和数量;
(三)进口方;
(四)强制许可的期限;
(五)本办法第二十三条第三项所述网址。

第四章　强制许可使用费裁决请求的审查和裁决

第二十五条　请求裁决强制许可使用费的,应当提交强制许可使用费裁决请求书,写明下列各项:

(一)请求人的姓名或者名称、地址;
(二)请求人的国籍或者注册的国家或者地区;
(三)给予强制许可的决定的文号;
(四)被请求人的姓名或者名称、地址;
(五)请求裁决强制许可使用费的理由;
(六)请求人委托专利代理机构的,受托机构的名称、机构代码以及该机构指定的代理人的姓名、执业证号码、联系电话;
(七)请求人的签字或者盖章;委托专利代理机构的,还应当有该机构的盖章;
(八)附加文件清单;
(九)其他需要注明的事项。

请求书及其附加文件应当一式两份。

第二十六条　强制许可使用费裁决请求有下列情形之一的,不予受理并

通知请求人:

(一)给予强制许可的决定尚未作出；

(二)请求人不是专利权人或者取得强制许可的单位或者个人；

(三)双方尚未进行协商或者经协商已经达成协议。

第二十七条 国家知识产权局受理强制许可使用费裁决请求的,应当及时将请求书副本送交对方当事人。除另有指定的外,对方当事人应当自收到通知之日起15日内陈述意见;期满未答复的,不影响国家知识产权局作出决定。

强制许可使用费裁决过程中,双方当事人可以提交书面意见。国家知识产权局可以根据案情需要听取双方当事人的口头意见。

第二十八条 请求人在国家知识产权局作出决定前撤回其裁决请求的,裁决程序终止。

第二十九条 国家知识产权局应当自收到请求书之日起3个月内作出强制许可使用费的裁决决定。

第三十条 强制许可使用费裁决决定应当写明下列各项:

(一)取得强制许可的单位或者个人的名称或者姓名、地址；

(二)被给予强制许可的发明专利或者实用新型专利的名称、专利号、申请日及授权公告日；

(三)裁决的内容及其理由；

(四)国家知识产权局的印章及负责人签字；

(五)决定的日期；

(六)其他有关事项。

强制许可使用费裁决决定应当自作出之日起5日内通知双方当事人。

第五章 终止强制许可请求的审查和决定

第三十一条 有下列情形之一的,强制许可自动终止:

(一)给予强制许可的决定规定的强制许可期限届满；

(二)被给予强制许可的发明专利或者实用新型专利终止或者被宣告无效。

第三十二条 给予强制许可的决定中规定的强制许可期限届满前,强制许可的理由消除并不再发生的,专利权人可以请求国家知识产权局作出终止强制许可的决定。

请求终止强制许可的,应当提交终止强制许可请求书,写明下列各项:

(一)专利权人的姓名或者名称、地址;

(二)专利权人的国籍或者注册的国家或者地区;

(三)请求终止的给予强制许可决定的文号;

(四)请求终止强制许可的理由和事实;

(五)专利权人委托专利代理机构的,受托机构的名称、机构代码以及该机构指定的代理人的姓名、执业证号码、联系电话;

(六)专利权人的签字或者盖章;委托专利代理机构的,还应当有该机构的盖章;

(七)附加文件清单;

(八)其他需要注明的事项。

请求书及其附加文件应当一式两份。

第三十三条 终止强制许可的请求有下列情形之一的,不予受理并通知请求人:

(一)请求人不是被给予强制许可的发明专利或者实用新型专利的专利权人;

(二)未写明请求终止的给予强制许可决定的文号;

(三)请求文件未使用中文;

(四)明显不具备终止强制许可的理由。

第三十四条 请求文件不符合本办法第三十二条规定的,请求人应当自收到通知之日起15日内进行补正。期满未补正的,该请求视为未提出。

第三十五条 国家知识产权局受理终止强制许可请求的,应当及时将请求书副本送交取得强制许可的单位或者个人。除另有指定的外,取得强制许可的单位或者个人应当自收到通知之日起15日内陈述意见;期满未答复的,不影响国家知识产权局作出决定。

第三十六条 国家知识产权局应当对专利权人陈述的理由和提交的有关证明文件以及取得强制许可的单位或者个人陈述的意见进行审查;需要实地核查的,应当指派两名以上工作人员实地核查。

第三十七条 专利权人在国家知识产权局作出决定前撤回其请求的,相关程序终止。

第三十八条 经审查认为请求终止强制许可的理由不成立的,国家知识产权局应当作出驳回终止强制许可请求的决定。在作出驳回终止强制许可请求的决定前,应当通知专利权人拟作出的决定及其理由。除另有指定的外,专利权人可以自收到通知之日起15日内陈述意见。

第三十九条 经审查认为请求终止强制许可的理由成立的,国家知识产权局应当作出终止强制许可的决定。在作出终止强制许可的决定前,应当通知取得强制许可的单位或者个人拟作出的决定及其理由。除另有指定的外,取得强制许可的单位或者个人可以自收到通知之日起15日内陈述意见。

终止强制许可的决定应当写明下列各项:

(一)专利权人的姓名或者名称、地址;
(二)取得强制许可的单位或者个人的名称或者姓名、地址;
(三)被给予强制许可的发明专利或者实用新型专利的名称、专利号、申请日及授权公告日;
(四)给予强制许可的决定的文号;
(五)决定的事实和法律依据;
(六)国家知识产权局的印章及负责人签字;
(七)决定的日期;
(八)其他有关事项。

终止强制许可的决定应当自作出之日起5日内通知专利权人和取得强制许可的单位或者个人。

第六章 附 则

第四十条 已经生效的给予强制许可的决定和终止强制许可的决定,以及强制许可自动终止的,应当在专利登记簿上登记并在专利公报上公告。

第四十一条 当事人对国家知识产权局关于强制许可的决定不服的,可以依法申请行政复议或者提起行政诉讼。

第四十二条 本办法由国家知识产权局负责解释。

第四十三条 本办法自2012年5月1日起施行。2003年6月13日国家知识产权局令第三十一号发布的《专利实施强制许可办法》和 2005 年 11 月 29 日国家知识产权局令第三十七号发布的《涉及公共健康问题的专利实施强制许可办法》同时废止。

专利标识标注办法

(2012 年 3 月 8 日国家知识产权局令第 63 号公布
自 2012 年 5 月 1 日起施行)

第一条 为了规范专利标识的标注方式,维护正常的市场经济秩序,根据《中华人民共和国专利法》(以下简称专利法)和《中华人民共和国专利法实施细则》的有关规定,制定本办法。

第二条 标注专利标识的,应当按照本办法予以标注。

第三条 管理专利工作的部门负责在本行政区域内对标注专利标识的行为进行监督管理。

第四条 在授予专利权之后的专利权有效期内,专利权人或者经专利权人同意享有专利标识标注权的被许可人可以在其专利产品、依照专利方法直接获得的产品、该产品的包装或者该产品的说明书等材料上标注专利标识。

第五条 标注专利标识的,应当标明下述内容:

(一)采用中文标明专利权的类别,例如中国发明专利、中国实用新型专利、中国外观设计专利;

(二)国家知识产权局授予专利权的专利号。

除上述内容之外,可以附加其他文字、图形标记,但附加的文字、图形标记及其标注方式不得误导公众。

第六条 在依照专利方法直接获得的产品、该产品的包装或者该产品的说明书等材料上标注专利标识的,应当采用中文标明该产品系依照专利方法所获得的产品。

第七条 专利权被授予前在产品、该产品的包装或者该产品的说明书等材料上进行标注的,应当采用中文标明中国专利申请的类别、专利申请号,并标明"专利申请,尚未授权"字样。

第八条 专利标识的标注不符合本办法第五条、第六条或者第七条规定的,由管理专利工作的部门责令改正。

专利标识标注不当,构成假冒专利行为的,由管理专利工作的部门依照专利法第六十三条的规定进行处罚。

第九条 本办法由国家知识产权局负责解释。

第十条 本办法自2012年5月1日起施行。2003年5月30日国家知识产权局令第二十九号发布的《专利标记和专利号标注方式的规定》同时废止。

专利代理管理办法

(2019年4月4日国家市场监督管理总局令第6号公布
自2019年5月1日起施行)

第一章 总 则

第一条 为了规范专利代理行为,保障委托人、专利代理机构以及专利代理师的合法权益,维护专利代理行业的正常秩序,促进专利代理行业健康发展,根据《中华人民共和国专利法》《专利代理条例》以及其他有关法律、行政法规的规定,制定本办法。

第二条 国家知识产权局和省、自治区、直辖市人民政府管理专利工作的部门依法对专利代理机构和专利代理师进行管理和监督。

第三条 国家知识产权局和省、自治区、直辖市人民政府管理专利工作的部门应当按照公平公正公开、依法有序、透明高效的原则对专利代理执业活动进行检查和监督。

第四条 专利代理机构和专利代理师可以依法成立和参加全国性或者地方性专利代理行业组织。专利代理行业组织是社会团体,是专利代理师的自律性组织。

专利代理行业组织应当制定专利代理行业自律规范,行业自律规范不得与法律、行政法规、部门规章相抵触。专利代理机构、专利代理师应当遵守行业自律规范。

第五条 专利代理机构和专利代理师执业应当遵守法律、行政法规和本办法,恪守职业道德、执业纪律,诚实守信,规范执业,提升专利代理质量,维护委托人的合法权益和专利代理行业正常秩序。

第六条 国家知识产权局和省、自治区、直辖市人民政府管理专利工作的部门可以根据实际情况,通过制定政策、建立机制等措施,支持引导专利代理机构为小微企业以及无收入或者低收入的发明人、设计人提供专利代理援助服务。

鼓励专利代理行业组织和专利代理机构利用自身资源开展专利代理援助工作。

第七条 国家知识产权局和省、自治区、直辖市人民政府管理专利工作的部门应当加强电子政务建设和专利代理公共信息发布,优化专利代理管理系统,方便专利代理机构、专利代理师和公众办理事务、查询信息。

第八条 任何单位、个人未经许可,不得代理专利申请和宣告专利权无效等业务。

第二章 专利代理机构

第九条 专利代理机构的组织形式应当为合伙企业、有限责任公司等。合伙人、股东应当为中国公民。

第十条 合伙企业形式的专利代理机构申请办理执业许可证的,应当具备下列条件:

(一)有符合法律、行政法规和本办法第十四条规定的专利代理机构名称;

（二）有书面合伙协议；

（三）有独立的经营场所；

（四）有两名以上合伙人；

（五）合伙人具有专利代理师资格证，并有两年以上专利代理师执业经历。

第十一条 有限责任公司形式的专利代理机构申请办理执业许可证的，应当具备下列条件：

（一）有符合法律、行政法规和本办法第十四条规定的专利代理机构名称；

（二）有书面公司章程；

（三）有独立的经营场所；

（四）有五名以上股东；

（五）五分之四以上股东以及公司法定代表人具有专利代理师资格证，并有两年以上专利代理师执业经历。

第十二条 律师事务所申请办理执业许可证的，应当具备下列条件：

（一）有独立的经营场所；

（二）有两名以上合伙人或者专职律师具有专利代理师资格证。

第十三条 有下列情形之一的，不得作为专利代理机构的合伙人、股东：

（一）不具有完全民事行为能力；

（二）因故意犯罪受过刑事处罚；

（三）不能专职在专利代理机构工作；

（四）所在专利代理机构解散或者被撤销、吊销执业许可证，未妥善处理各种尚未办结的专利代理业务。

专利代理机构以欺骗、贿赂等不正当手段取得执业许可证，被依法撤销、吊销的，其合伙人、股东、法定代表人自处罚决定作出之日起三年内不得在专利代理机构新任合伙人或者股东、法定代表人。

第十四条 专利代理机构只能使用一个名称。除律师事务所外，专利代理机构的名称中应当含有"专利代理"或者"知识产权代理"等字样。专利代理机构分支机构的名称由专利代理机构全名称、分支机构所在城市名称或者所在地区名称和"分公司"或者"分所"等组成。

专利代理机构的名称不得在全国范围内与正在使用或者已经使用过的

专利代理机构的名称相同或者近似。

律师事务所申请办理执业许可证的,可以使用该律师事务所的名称。

第十五条 申请专利代理机构执业许可证的,应当通过专利代理管理系统向国家知识产权局提交申请书和下列申请材料:

(一)合伙企业形式的专利代理机构应当提交营业执照、合伙协议和合伙人身份证件扫描件;

(二)有限责任公司形式的专利代理机构应当提交营业执照、公司章程和股东身份证件扫描件;

(三)律师事务所应当提交律师事务所执业许可证和具有专利代理师资格证的合伙人、专职律师身份证件扫描件。

申请人应当对其申请材料实质内容的真实性负责。必要时,国家知识产权局可以要求申请人提供原件进行核实。法律、行政法规和国务院决定另有规定的除外。

第十六条 申请材料不符合本办法第十五条规定的,国家知识产权局应当自收到申请材料之日起五日内一次告知申请人需要补正的全部内容,逾期未告知的,自收到申请材料之日起视为受理;申请材料齐全、符合法定形式,或者申请人按照要求提交全部补正申请材料的,应当受理该申请。受理或者不予受理申请的,应当书面通知申请人并说明理由。

国家知识产权局应当自受理之日起十日内予以审核,对符合规定条件的,予以批准,向申请人颁发专利代理机构执业许可证;对不符合规定条件的,不予批准,书面通知申请人并说明理由。

第十七条 专利代理机构名称、经营场所、合伙协议或者公司章程、合伙人或者执行事务合伙人、股东或者法定代表人发生变化的,应当自办理企业变更登记之日起三十日内向国家知识产权局申请办理变更手续;律师事务所具有专利代理师资格证的合伙人或者专职律师等事项发生变化的,应当自司法行政部门批准之日起三十日内向国家知识产权局申请办理变更手续。

国家知识产权局应当自申请受理之日起十日内作出相应决定,对符合本办法规定的事项予以变更。

第十八条 专利代理机构在国家知识产权局登记的信息应当与其在市场监督管理部门或者司法行政部门的登记信息一致。

第十九条 专利代理机构解散或者不再办理专利代理业务的,应当在妥善处理各种尚未办结的业务后,向国家知识产权局办理注销专利代理机构执业许可证手续。

专利代理机构注销营业执照,或者营业执照、执业许可证被撤销、吊销的,应当在营业执照注销三十日前或者接到撤销、吊销通知书之日起三十日内通知委托人解除委托合同,妥善处理尚未办结的业务,并向国家知识产权局办理注销专利代理机构执业许可证的手续。未妥善处理全部专利代理业务的,专利代理机构的合伙人、股东不得办理专利代理师执业备案变更。

第二十条 专利代理机构设立分支机构办理专利代理业务的,应当具备下列条件:

(一)办理专利代理业务时间满两年;

(二)有十名以上专利代理师执业,拟设分支机构应当有一名以上专利代理师执业,并且分支机构负责人应当具有专利代理师资格证;

(三)专利代理师不得同时在两个以上的分支机构担任负责人;

(四)设立分支机构前三年内未受过专利代理行政处罚;

(五)设立分支机构时未被列入经营异常名录或者严重违法失信名单。

第二十一条 专利代理机构的分支机构不得以自己的名义办理专利代理业务。专利代理机构应当对其分支机构的执业活动承担法律责任。

第二十二条 专利代理机构设立、变更或者注销分支机构的,应当自完成分支机构相关企业或者司法登记手续之日起三十日内,通过专利代理管理系统向分支机构所在地的省、自治区、直辖市人民政府管理专利工作的部门进行备案。

备案应当填写备案表并上传下列材料:

(一)设立分支机构的,上传分支机构营业执照或者律师事务所分所执业许可证扫描件;

(二)变更分支机构注册事项的,上传变更以后的分支机构营业执照或者律师事务所分所执业许可证扫描件;

(三)注销分支机构的,上传妥善处理完各种事项的说明。

第二十三条 专利代理机构应当建立健全质量管理、利益冲突审查、投诉处理、年度考核等执业管理制度以及人员管理、财务管理、档案管理等运营制度,对专利代理师在执业活动中遵守职业道德、执业纪律的情况进行监督。

专利代理机构的股东应当遵守国家有关规定,恪守专利代理职业道德、执业纪律，维护专利代理行业正常秩序。

第二十四条 专利代理机构通过互联网平台宣传、承接专利代理业务的，应当遵守《中华人民共和国电子商务法》等相关规定。

前款所述专利代理机构应当在首页显著位置持续公示并及时更新专利代理机构执业许可证等信息。

第三章 专利代理师

第二十五条 专利代理机构应当依法按照自愿和协商一致的原则与其聘用的专利代理师订立劳动合同。专利代理师应当受专利代理机构指派承办专利代理业务，不得自行接受委托。

第二十六条 专利代理师执业应当符合下列条件：

（一）具有完全民事行为能力；

（二）取得专利代理师资格证；

（三）在专利代理机构实习满一年，但具有律师执业经历或者三年以上专利审查经历的人员除外；

（四）在专利代理机构担任合伙人、股东，或者与专利代理机构签订劳动合同；

（五）能专职从事专利代理业务。

符合前款所列全部条件之日为执业之日。

第二十七条 专利代理实习人员进行专利代理业务实习，应当接受专利代理机构的指导。

第二十八条 专利代理师首次执业的，应当自执业之日起三十日内通过专利代理管理系统向专利代理机构所在地的省、自治区、直辖市人民政府管理专利工作的部门进行执业备案。

备案应当填写备案表并上传下列材料：

（一）本人身份证件扫描件；

（二）与专利代理机构签订的劳动合同；

（三）实习评价材料。

专利代理师应当对其备案材料实质内容的真实性负责。必要时，省、自治区、直辖市人民政府管理专利工作的部门可以要求提供原件进行核实。

第二十九条 专利代理师从专利代理机构离职的,应当妥善办理业务移交手续,并自离职之日起三十日内通过专利代理管理系统向专利代理机构所在地的省、自治区、直辖市人民政府管理专利工作的部门提交解聘证明等,进行执业备案变更。

专利代理师转换执业专利代理机构的,应当自转换执业之日起三十日内进行执业备案变更,上传与专利代理机构签订的劳动合同或者担任股东、合伙人的证明。

未在规定时间内变更执业备案的,视为逾期未主动履行备案变更手续,省、自治区、直辖市人民政府管理专利工作的部门核实后可以直接予以变更。

第四章 专利代理行业组织

第三十条 专利代理行业组织应当严格行业自律,组织引导专利代理机构和专利代理师依法规范执业,不断提高行业服务水平。

第三十一条 国家知识产权局和省、自治区、直辖市人民政府管理专利工作的部门根据国家有关规定对专利代理行业组织进行监督和管理。

第三十二条 专利代理行业组织应当依法履行下列职责:

(一)维护专利代理机构和专利代理师的合法权益;

(二)制定行业自律规范,加强行业自律,对会员实施考核、奖励和惩戒,及时向社会公布其吸纳的会员信息和对会员的惩戒情况;

(三)组织专利代理机构、专利代理师开展专利代理援助服务;

(四)组织专利代理师实习培训和执业培训,以及职业道德、执业纪律教育;

(五)按照国家有关规定推荐专利代理师担任诉讼代理人;

(六)指导专利代理机构完善管理制度,提升专利代理服务质量;

(七)指导专利代理机构开展实习工作;

(八)开展专利代理行业国际交流;

(九)其他依法应当履行的职责。

第三十三条 专利代理行业组织应当建立健全非执业会员制度,鼓励取得专利代理师资格证的非执业人员参加专利代理行业组织、参与专利代理行业组织事务,加强非执业会员的培训和交流。

第五章 专利代理监管

第三十四条 国家知识产权局组织指导全国的专利代理机构年度报告、经营异常名录和严重违法失信名单的公示工作。

第三十五条 专利代理机构应当按照国家有关规定提交年度报告。年度报告应当包括以下内容：

（一）专利代理机构通信地址、邮政编码、联系电话、电子邮箱等信息；

（二）执行事务合伙人或者法定代表人、合伙人或者股东、专利代理师的姓名，从业人数信息；

（三）合伙人、股东的出资额、出资时间、出资方式等信息；

（四）设立分支机构的信息；

（五）专利代理机构通过互联网等信息网络提供专利代理服务的信息网络平台名称、网址等信息；

（六）专利代理机构办理专利申请、宣告专利权无效、转让、许可、纠纷的行政处理和诉讼、质押融资等业务信息；

（七）专利代理机构资产总额、负债总额、营业总收入、主营业务收入、利润总额、净利润、纳税总额等信息；

（八）专利代理机构设立境外分支机构、其从业人员获得境外专利代理从业资质的信息；

（九）其他应当予以报告的信息。

律师事务所可仅提交其从事专利事务相关的内容。

第三十六条 国家知识产权局以及省、自治区、直辖市人民政府管理专利工作的部门的工作人员应当对专利代理机构年度报告中不予公示的内容保密。

第三十七条 专利代理机构有下列情形之一的，按照国家有关规定列入经营异常名录：

（一）未在规定的期限提交年度报告；

（二）取得专利代理机构执业许可证或者提交年度报告时提供虚假信息；

（三）擅自变更名称、办公场所、执行事务合伙人或者法定代表人、合伙人或者股东；

（四）分支机构设立、变更、注销未按照规定办理备案手续；

（五）不再符合执业许可条件，省、自治区、直辖市人民政府管理专利工作的部门责令其整改，期限届满仍不符合条件；

（六）专利代理机构公示信息与其在市场监督管理部门或者司法行政部门的登记信息不一致；

（七）通过登记的经营场所无法联系。

第三十八条 专利代理机构有下列情形之一的，按照国家有关规定列入严重违法失信名单：

（一）被列入经营异常名录满三年仍未履行相关义务；

（二）受到责令停止承接新的专利代理业务、吊销专利代理机构执业许可证的专利代理行政处罚。

第三十九条 国家知识产权局指导省、自治区、直辖市人民政府管理专利工作的部门对专利代理机构和专利代理师的执业活动情况进行检查、监督。

专利代理机构跨省设立分支机构的，其分支机构应当由分支机构所在地的省、自治区、直辖市人民政府管理专利工作的部门进行检查、监督。该专利代理机构所在地的省、自治区、直辖市人民政府管理专利工作的部门应当予以协助。

第四十条 国家知识产权局和省、自治区、直辖市人民政府管理专利工作的部门应当采取书面检查、实地检查、网络监测等方式对专利代理机构和专利代理师进行检查、监督。

在检查过程中应当随机抽取检查对象，随机选派执法检查人员。发现违法违规情况的，应当及时依法处理，并向社会公布检查、处理结果。对已被列入经营异常名录或者严重违法失信名单的专利代理机构，省、自治区、直辖市人民政府管理专利工作的部门应当进行实地检查。

第四十一条 省、自治区、直辖市人民政府管理专利工作的部门应当重点对下列事项进行检查、监督：

（一）专利代理机构是否符合执业许可条件；

（二）专利代理机构合伙人、股东以及法定代表人是否符合规定；

（三）专利代理机构年度报告的信息是否真实、完整、有效，与其在市场监督管理部门或者司法行政部门公示的信息是否一致；

（四）专利代理机构是否存在本办法第三十七条规定的情形；

（五）专利代理机构是否建立健全执业管理制度和运营制度等情况；

（六）专利代理师是否符合执业条件并履行备案手续；

（七）未取得专利代理执业许可的单位或者个人是否存在擅自开展专利代理业务的违法行为。

第四十二条　省、自治区、直辖市人民政府管理专利工作的部门依法进行检查监督时，应当将检查监督的情况和处理结果予以记录，由检查监督人员签字后归档。

当事人应当配合省、自治区、直辖市人民政府管理专利工作的部门的检查监督，接受询问，如实提供有关情况和材料。

第四十三条　国家知识产权局和省、自治区、直辖市人民政府管理专利工作的部门对存在违法违规行为的机构或者人员，可以进行警示谈话、提出意见，督促及时整改。

第四十四条　国家知识产权局和省、自治区、直辖市人民政府管理专利工作的部门应当督促专利代理机构贯彻实施专利代理相关服务规范，引导专利代理机构提升服务质量。

第四十五条　国家知识产权局应当及时向社会公布专利代理机构执业许可证取得、变更、注销、撤销、吊销等相关信息，以及专利代理师的执业备案、撤销、吊销等相关信息。

国家知识产权局和省、自治区、直辖市人民政府管理专利工作的部门应当及时向社会公示专利代理机构年度报告信息，列入或者移出经营异常名录、严重违法失信名单信息，行政处罚信息，以及对专利代理执业活动的检查情况。行政处罚、检查监督结果纳入国家企业信用信息公示系统向社会公布。

律师事务所、律师受到专利代理行政处罚的，应当由国家知识产权局和省、自治区、直辖市人民政府管理专利工作的部门将信息通报相关司法行政部门。

第六章　专利代理违法行为的处理

第四十六条　任何单位或者个人认为专利代理机构、专利代理师的执业活动违反专利代理管理有关法律、行政法规、部门规章规定,或者认为存在擅自开展专利代理业务情形的,可以向省、自治区、直辖市人民政府管理专利工作的部门投诉和举报。

省、自治区、直辖市人民政府管理专利工作的部门收到投诉和举报后,应当依据市场监督管理投诉举报处理办法、行政处罚程序等有关规定进行调查处理。本办法另有规定的除外。

第四十七条 对具有重大影响的专利代理违法违规行为,国家知识产权局可以协调或者指定有关省、自治区、直辖市人民政府管理专利工作的部门进行处理。对于专利代理违法行为的处理涉及两个以上省、自治区、直辖市人民政府管理专利工作的部门的,可以报请国家知识产权局组织协调处理。

对省、自治区、直辖市人民政府管理专利工作的部门专利代理违法行为处理工作,国家知识产权局依法进行监督。

第四十八条 省、自治区、直辖市人民政府管理专利工作的部门可以依据本地实际,要求下一级人民政府管理专利工作的部门协助处理专利代理违法违规行为;也可以依法委托有实际处理能力的管理公共事务的事业组织处理专利代理违法违规行为。

委托方应当对受托方的行为进行监督和指导,并承担法律责任。

第四十九条 省、自治区、直辖市人民政府管理专利工作的部门应当及时、全面、客观、公正地调查收集与案件有关的证据。可以通过下列方式对案件事实进行调查核实:

(一)要求当事人提交书面意见陈述;

(二)询问当事人;

(三)到当事人所在地进行现场调查,可以调阅有关业务案卷和档案材料;

(四)其他必要、合理的方式。

第五十条 案件调查终结后,省、自治区、直辖市人民政府管理专利工作的部门认为应当对专利代理机构作出责令停止承接新的专利代理业务、吊销执业许可证,或者对专利代理师作出责令停止承办新的专利代理业务、吊销专利代理师资格证行政处罚的,应当及时报送调查结果和处罚建议,提请国家知识产权局处理。

第五十一条 专利代理机构有下列情形之一的,属于《专利代理条例》第二十五条规定的"疏于管理,造成严重后果"的违法行为:

（一）因故意或者重大过失给委托人、第三人利益造成损失,或者损害社会公共利益；

（二）从事非正常专利申请行为,严重扰乱专利工作秩序；

（三）诋毁其他专利代理师、专利代理机构,以不正当手段招揽业务,存在弄虚作假行为,严重扰乱行业秩序,受到有关行政机关处罚；

（四）严重干扰专利审查工作或者专利行政执法工作正常进行；

（五）专利代理师从专利代理机构离职未妥善办理业务移交手续,造成严重后果；

（六）专利代理机构执业许可证信息与市场监督管理部门、司法行政部门的登记信息或者实际情况不一致,未按照要求整改,给社会公众造成重大误解；

（七）分支机构设立、变更、注销不符合规定的条件或者没有按照规定备案,严重损害当事人利益；

（八）默许、指派专利代理师在未经其本人撰写或者审核的专利申请等法律文件上签名,严重损害当事人利益；

（九）涂改、倒卖、出租、出借专利代理机构执业许可证,严重扰乱行业秩序。

第五十二条 有下列情形之一的,属于《专利代理条例》第二十七条规定的"擅自开展专利代理业务"的违法行为：

（一）通过租用、借用等方式利用他人资质开展专利代理业务；

（二）未取得专利代理机构执业许可证或者不符合专利代理师执业条件,擅自代理专利申请、宣告专利权无效等相关业务,或者以专利代理机构、专利代理师的名义招揽业务；

（三）专利代理机构执业许可证或者专利代理师资格证被撤销或者吊销后,擅自代理专利申请、宣告专利权无效等相关业务,或者以专利代理机构、专利代理师的名义招揽业务。

第五十三条 专利代理师对其签名办理的专利代理业务负责。对于非经本人办理的专利事务,专利代理师有权拒绝在相关法律文件上签名。

专利代理师因专利代理质量等原因给委托人、第三人利益造成损失或者损害社会公共利益的,省、自治区、直辖市人民政府管理专利工作的部门可以对签名的专利代理师予以警告。

第五十四条 国家知识产权局按照有关规定,对专利代理领域严重失信主体开展联合惩戒。

第五十五条 法律、行政法规对专利代理机构经营活动违法行为的处理另有规定的,从其规定。

第七章 附 则

第五十六条 本办法由国家市场监督管理总局负责解释。

第五十七条 本办法中二十日以内期限的规定是指工作日,不含法定节假日。

第五十八条 本办法自2019年5月1日起施行。2015年4月30日国家知识产权局令第70号发布的《专利代理管理办法》、2002年12月12日国家知识产权局令第25号发布的《专利代理惩戒规则(试行)》同时废止。